养育男孩

影响孩子一生的亲子沟通法

〔日〕朝妻秀子 著
张旭 译

中国纺织出版社有限公司
国家一级出版社
全国百佳图书出版单位

原文书名：男の子の将来が決まる！10歳までの「言葉がけ」
原作者名：朝妻秀子
OTOKONOKO NO SHOURAIGAKIMARU！ 10-SAIMADE NO
'KOTOBAGAKE'
Copyright © 2016 Hideko Asazuma
First published in Japan in 2016 by PHP Institute, Inc.
Simplified Chinese translation rights arranged with PHP Institute, Inc.
through CREEK & RIVER CO.,LTD. and CREEK & RIVER SHANGHAI CO., Ltd.
本书中文简体版经日本 PHP 研究所授权，由中国纺织出版社有限公司独家出版发行。
本书内容未经出版者书面许可，不得以任何方式或任何手段复制、转载或刊登。

著作权合同登记号：图字：01-2018-4324

图书在版编目（CIP）数据

  养育男孩：影响孩子一生的亲子沟通法 ／（日）朝妻秀子著；张旭译. -- 北京：中国纺织出版社有限公司，2019.10
  ISBN 978-7-5180-6744-2

  Ⅰ．①养… Ⅱ．①朝… ②张… Ⅲ．①男性－家庭教育－儿童教育 Ⅳ．① G78

  中国版本图书馆 CIP 数据核字（2019）第 215917 号

责任编辑：李凤琴 责任校对：高涵 责任印制：王艳丽

中国纺织出版社有限公司出版发行
地址：北京市朝阳区百子湾东里 A407 号楼　邮政编码：100124
销售电话：010 — 67004422　传真：010 — 87155801
http://www.c-textilep.com
官方微博 http://weibo.com/2119887771
北京玺诚印务有限公司印刷　各地新华书店经销
2019 年 10 月第 1 版第 1 次印刷
开本：880 毫米 ×1230 毫米　1/32　印张：5
字数：100 千字　定价：39.80 元

凡购本书，如有缺页、倒页、脱页，由本社图书营销中心调换

前言
养育孩子是件快乐的事

不管我们是否承认,这个社会对男性的要求更苛刻一些,所以,家有男孩的父母想把孩子培养成才,可能需要付出的精力更多。

"我真是完全搞不懂我儿子的脑子里都在想些什么。"正在育儿而且是育有男孩的妈妈们,大概都曾经冒出过这样的念头吧。

我的第一个孩子也是男孩。孩子刚入小学没多久,我几乎每天不是接到学校班主任老师就是同学家长打来的投诉电话。什么和同班同学吵架啊;一个学期一次也没交过展出作品啊;上课的时候把无关的其他科目教科书放在课桌上啊……不管事后我怎么教育他,到了第二天,他还是会照样又捅出一些新的娄子来。就这样,我每天都生活在对其他孩子和家长的歉意、对自己孩子的生气,以及自责之中,感到非常烦恼和不安。

孩子上二年级时的一天早上,在去学校之前我看着他的眼睛对他说:"有的事情会让你生气,不过这时候不要马上和别人吵架,回来以后跟妈妈一起想想有什么好的对策。在回家之前不能再跟小朋友吵架,否则你就不能去学校上学了。知道吗?""嗯,我知道了!"但是那天傍晚放学回家的时候他对我说:"妈妈,我以后不去上学了。"喂,我说的可不是这个意思好吗?

我以心理学为基石开启了职业生涯,作为心理咨询师我已经工作16年了。我38岁的时候开始学习心理学。当时,我是一个育有一男一女俩孩子的家庭主妇。学习心理学的缘起就是我开头写到的自身育儿经历,特别是在养育男孩子过程中遇到的各种烦心事、产生的诸多烦恼。

开头写到的那些发生过的事,现在回过头来看虽然觉得有些可笑,可是在当时对我而言就像是一场场噩梦。当孩子刚从小学升入中学的那个阶段,我每天晚上都无法好好入睡,总在拼命地想着用什么办法可以"对付"他。但是,掌握了心理学的今天,再重新审视当时的自己,发现那时候的各种管教手段和方法让我和孩子都变得有些扭曲。那些日子里,我自认为是为他好所做的一些事情,但是对他而言得到的只有负能量，没有任何正向的帮助。

大家可能都知道：少儿时期的生活环境，对一个人的性格、能力有着巨大的影响，并与他成年后应有的状态有着密切的关联。这也是我作为心理咨询师，在与客户交谈中，常常能够深切感受到的。在育儿的过程中，有相当长的一段时间里我是失败的，就像在黑暗中彷徨，没有方向。但是，当我遇到心理学以后，我感受到它的奥义，看到了光明。而今天我就想把这些奥义，传达给正在为育儿而烦恼的妈妈们，这也是促使我完成此书的原因。

男孩子有着更大的压力

到我的咨询室里来咨询的客户，有不少是在竞争激烈的当今社会中身心俱疲，陷入不佳精神状态的成年男人。探究其成因我发现，与他们幼少期和妈妈之间的亲子关系有关联。现代社会，男性需要承担更多的家庭责任，这让他们备感压力，始终处于不安之中。这种看似平常的压力，使得男孩子比女孩子更具有变得神经质、容易受挫的倾向。他们很在意"在学校或是社会里找到自己的定位"。如果在这过程中他们渐渐失去自信，那么最后很多孩子就会拒绝去上学或是一直宅在家里不愿踏出家门一步。还有一些人尽管孩童时期看似没有什么问题,但是踏入社会后也会接连不断地出现状况。日本每年因自杀失去生命的大约有 3 万人,大家知道男女比例吗?无论哪个年龄段,都是男性所占比例高,占到近 7 成。

让孩子拥有光明的未来

我们也可以看到在另一方面:那些富有活力,在工作中表现活跃的商务人士;怀揣着自己的梦想,并且努力把梦想变为现实的年轻男性,他们都是有一定自律的人。当今的社会、企业都需要这种"自律型人才"。这种人才不依赖企业,而是自己有明确的工作目标,对工作抱有坚定的信念。成为这样优秀的自律型人才实际上并不难,为什么呢?因为我们刚出生的孩子就是自律型人才。新生婴儿,为了让我们知道他饿了,他们会大声号哭;不需要谁来教他,当他们见到喜欢的人,就会发出咯咯的笑声。降生到人世间,什么规则也不知道,他们的行为受自身感性的支配。但是随着逐渐地长大,他们接受外界类似"这里你应该控制好自己,不要随便表现自我""这里你可以有所表达"等所谓教育,并依此教育决定他们的行为。

但是,如果在孩子幼年时期妈妈没有去破坏他们那种与生俱来的"自律生长力",而是让孩子建设性地自由成长,那么这样的孩子将来必定能够拥有一个光明的未来。

本书就是以妈妈与孩子的言语沟通为中心，以心理学为基础，向大家介绍理想的亲子关系和亲子之间的相处之道。心理学的理论和技法众多，我们主要采纳的是现在广为人知的阿德勒心理学，以及有着显著效果和广受好评的NLP（神经语言程序学）。

我认为所有的男孩，他们都有着自己的生活之路。有时努力，有时快乐，还会遇到无可替代的朋友和爱人，他们渴望活出自己的人生。一生中，他们会经历各种失败，遇到不同的伤心事，这些都是在所难免的。希望他们不要沮丧，跌倒了再爬起来，始终拥有一颗自尊且面对挑战坚强又柔软的内心。心理学包含了许多这样的专门知识，有助于引导我们把孩子培养成一个拥有坚定而柔软内心的男孩。我相信在读完这本书的时候，你们的眼睛会闪烁生动的光芒，真切感受到育儿原来是那么快乐的一件事。

朝妻秀子

目录 Contents

第一章 接纳孩子最本真的样子

培养孩子认可和接纳自己　003

用恰当的语言和孩子交流　007

第二章 亲子教育不批评、不表扬

尝试从"目的"出发解决问题　015

男孩常见的问题行为　018

  目的一　引起关注　018

  目的二　权力争夺　020

  目的三　复仇　022

  目的四　死气沉沉、有气无力的夸示　025

辨别问题行为所属类型的方法　028

不轻易表扬孩子　030

用言语赋予孩子勇气很重要　033

赋予孩子勇气的言语要点　036

第三章　如何读懂男孩子的心

"视觉""听觉""体感觉"三种类型　043

类型诊断小测试　047

各种不同类型孩子的特质　052

孩子和母亲是同一类型或是不同类型　054

理解不同类型的差异，接受本真的孩子　058

第四章　与男孩子顺畅沟通的技巧

回溯——告诉孩子你接受本真的他　065

调整节奏和引领——了解孩子内心的想法　068

镜像——拉近和孩子的距离　071

元模型——发现孩子身上更多的可能性　072

米尔顿模型——赋予男孩子勇气　080

与青春期男孩沟通的技巧　082

第五章　"虎妈们"容易落入的陷阱

"孩子的问题"和"妈妈的问题"　087

孩子迟到了，别管他　091

妈妈要孩子做一个好榜样　092

培养孩子探究事物的好奇心　094

不批评，不抱怨，更容易解决问题　097
孩子过了该睡觉的时间还不睡就不再理他　099
接纳孩子当下的情绪　101
没关系，你一定可以的　104
得到孩子协助的有效言辞　108
清晰地向孩子传达信息　112
给妈妈们的实操方法　114
　　事例1　孩子因被同学欺负而烦恼　115
　　事例2　孩子不太愿意去足球学校　117
　　事例3　孩子把自己的东西扔得到处都是　118

第六章　愿孩子有一个光辉灿烂的未来

拥有积极的人生态度对孩子很重要　125
自己可以交到新朋友　127
积累"上学"的经验　131
让孩子拥抱这个精彩的世界　135
最重要的是赋予妈妈们勇气　138

后记　请带着智慧，守护幸福家庭　143

附录　类型诊断测试　145

第一章
接纳孩子最本真的样子
——出自阿德勒心理学

> 身为父母,我们不能决定孩子是什么样的人,我们赞美、批评他们,允许他们生活在最真实的自我当中。即使孩子并不是太优秀,也没有任何生活目标,我们依然为他们的存在而欣喜。

在养育男孩子的过程中,最初要培养孩子能够「认可和接纳自己」。

培养孩子认可和接纳自己

> 在养育男孩子的过程中,最初我们应该做的就是培养孩子能够"认可和接纳自己",从而让他意识到"我有能力用自己的力量来解决我人生中的问题"。

"无法爱自己的人也无法爱别人"这句话听说过吗?

我在做心理咨询师的16年里,接受了几千人的心理咨询,"能够认可自己的人,也能认可别人""既能认可自己又能认可他人的人,才能够对社会作出贡献",类似这样的实例,我遇到过不少。

反之亦然,无法接纳自己的人,也很难接纳别人。这样的人容易产生受害者意识,常会冒出"世间炎凉、为什么受伤害的总是自己、这样的社会真让人感到泄气"之类的想法。

认可自己并接纳他人的人,他们生活的大部分时光都会在愉悦的心情中度过。有时,他们虽然也会受到伤害或是遇到烦恼,但是当他们竭尽自己所能,积极面对无法解决的难题的时候,说不定可以对他们提供帮助的贵人会出现在面前。

但是,仍有不少人会有这样的想法:"在当今这个以成败论英雄，提倡成果主义的社会，认可他人，以贡献社会的姿态生活，能迎来丰富多彩的人生吗？""虽然说得冠冕堂皇，但是归根结底现在还是一个遵从丛林法则的竞争社会"。

"阿德勒心理学"你了解吗？

奥地利心理学者阿尔弗雷德·阿德勒（1870—1937）的心理学提倡着重关注育儿和教育。虽然这一学说诞生于100多年以前，但是在日本直到最近几年才开始受到关注，并且掀起了人气热潮。

受到关注的原因主要在于当今日本社会终于可以理解并接受阿德勒博士所阐述的内容。我个人认为，也就是说，这个时代总算追上了阿德勒心理学。阿德勒心理学所阐述的正是这个时代所需要的智慧。

阿德勒博士确定的育儿目标就是要教育出拥有以下"行为"或是"思考"（心理活动）能力的人。

行为目的："自立""与社会协调共生"。

心理层面的目的："我有能力用自己的力量解决我人生中的问题""他人皆为我的伙伴"。

概括起来就是："能够认识到自身的能力，把他人看作是自己的伙伴，自立，能与社会和谐共生。"

不只是说冠冕堂皇的话，认可自我，接纳他人，以贡献社会为己任的人，才能够自立于社会，成为被社会接纳的人。但是，怎样的人才是"自己认可自己的人"呢？

对大多数人来说比较容易接受那些对自己有自信的人。

而且，大家还会有一些理解上的误区，比如"如果没有特殊的能力，与周围人相比没多么优秀，就无法拥有自信""认可自己，对于普通人来说不是有些可笑吗？"

认可自己首先是能够接纳处于当下的本真的自己。"虽然我很想得到100分，但是我也接受只能得到70分的自己"，这就是认可和接纳自我。

另一方面，无法接受处于当下的真实自己，会是以下的样子："我不应该是这个样子"——无法接受现实中的自己；"这样的自己，是一个没有价值的人"——无法接受自己的存在，以及一些其他的表现形式。

"人无完人，得70分也没什么"

初看这种表现形式，我们会认为他们是能认可和接纳自己的。但是对于得了70分仍然感到真正满意的人，他是接纳自己；而如果期望得到100分的话，因没有得到而感到失望就是不接纳自己。失望、后悔，都是因为不接纳自己。"不应该是这个样子""得不到100分的自己很糟糕"，反过来说这种想法的另一层意思就是"我不能接受得不到100分这件事"。实际上也可以说这是一种傲慢的想法。

在我作为心理咨询师的经历中,也遇到过不少来访者,他们从最初的难以接受自我,到渐渐可以面对自己真实的情绪。"虽然真的很想得到 100 分,但是这次的自己只拿了 70 分。我既有后悔的情绪,也有因自己的努力不足而自我反省的情绪。"一旦这样接受了自己,那么接下来就会萌生这样的想法:"下一次考试,为了争取更接近 100 分,我要做哪些准备呢?"就这样,在不断累积努力的过程中,也一步步向 100 分这个目标靠近了。

但是,我们也会在某些领域再怎么努力也不能做到更好,那么就切实地接纳这样的自己。审视一下,哪一条道路可以让自己的优势得以发挥,且能走得更远。这样审视思考的结果,会让你产生这样的想法:"我是有能力用自己的力量来解决我人生中的问题。"同时你也会察觉到:"我会有这样后悔的情绪,别人也会有,他们也有需要倾诉负面情绪的时候""不同的人,都会有这样那样自己不太擅长的领域。"这样你就比较容易把他人当作自己的"同类"。

因此,在养育男孩子的过程中,最初我们应该做的就是要培养孩子能够"认可和接纳自己",从而让他意识到"我有能力用自己的力量来解决我人生中的问题"。这样迈出第一步,接下去就是水到渠成的发展过程。

用恰当的语言和孩子交流

> 责备、惩罚、羞辱孩子，对改善孩子的问题行为起不了任何作用，因为这样的方式和言语会让孩子不接纳自己。

我们要做些什么才可以让孩子能够认可和接纳自我？如何培养男孩子意识到自己有能力用自我的力量解决人生中的问题？

阿德勒教授对批评指责孩子持否定的态度。他曾经说过："责备、惩罚、羞辱孩子，对改善孩子的问题行为起不了任何作用。"因为这样的方式和言语会让孩子不接纳自己。

比如，对一个没有收拾好玩具的男孩子说：

"连这种事都做不好，怎么行啊！"——责备。

"如果你不收拾好玩具，就不能吃点心！"——惩罚。

"还没收拾好玩具吗？你真是个笨手笨脚的孩子！"——羞辱。

类似这样的言语，阿德勒教授全都持否定态度。为什么呢？这是因为这些言语的潜台词就是：你不认可和接纳你自己。

"连这种事都做不好，这是不行的！"——这样的你不能被接受。

"如果你不收拾好玩具，就不能吃点心！"——你没有资格吃点心。

"还没收拾好玩具吗？你真是个笨手笨脚的孩子！"——你要对这样的自己感到羞耻。

妈妈一味地批评孩子，会让男孩子内心深处始终沉浸在"自己不能被妈妈认可是很糟糕的"的情绪中。而且，他还会认定"错的一定是自己，周围朋友所说的肯定是正确的。为了不被别人讨厌，我得迎合他们"。因为有了这样的想法，进而他们还会陷入"大家一定觉得我是个傻瓜，是一个糟糕的人"等类似的臆想中，从而产生"别人都用冷漠的眼光看我"的错觉。其实，这是他们自己对自身的冷漠。"反正别人都瞧不起我，他们都是冷漠的人罢了"类似这样的想法，使他们遇到一点小事就会觉得自己被别人捉弄了。甚至还会觉得"唉！我常常受到别人的批评责备,我是不会得到幸福的！"把自己的人生幸福寄托在他人身上。

经过梳理我们可以看到，批评责备带来的弊端有两种表现形式：

1. 像我这样的人，所思所想常常是不正确的，我得依靠别人才能得以生存——看别人脸色行事。

2.像我这样的人是不可能被别人认可和接受的,我一定会被别人欺负——对他人常怀戒备之心或攻击之意。

不论以上哪一种表现形式,都是受别人的"摆布",而自己无法自立、自律地思维并采取行动。

另一方面,一旦让孩子认可和接纳了自我,我们就能开始培育他们自立意识的萌芽。当一件事情进展得不那么顺利的时候,过度地自责或迁怒于他人都是不可取的。"啊,失败了,真遗憾!"就这样接纳真实的自己。即使失败了,也能坦然地接受自己的责任所在。一旦认识到了这一点,就会自然而然地萌发"下一次我要加油,我要更努力"的情绪。这就是自立意识的萌芽。而且,有这种思维的男孩,他们会自然地与周围人和谐相处。对于其他孩子来说,当他们遇到不顺心的事的时候,如果身边有一个不责怪他人、不任性、不迁怒于别人的男孩,那么这个男孩的存在是不是会让人感觉更体贴亲切呢?自然而然,这个男孩子的朋友圈也会变得越来越广。

1.认可本真的自己——能率真地表达自己的想法和情绪。

2.意识到自己是可以被朋友理解的——对周围自然能采取亲近的态度。

我们无论和自己还是和他人都能构筑起自然的关系。认知自己是否是一个有能力的人，认知社会是否对自己友善，阿德勒教授把这种"个人内心的基石"称作"生活思维方式（lifestyle）"。

每个人都遵循着自己的生活思维方式生存在这个世上，哪怕这个方式对自己来说有时是多么窘迫。阿德勒博士还提出：一个人的生活思维方式在他10岁前后就已确立。总之，男孩（女孩）的将来，由他10岁之前所受到的来自周围的影响所决定，这并非言过其实。

如果母亲们能够正确理解这一点，并用恰当的言语与孩子交流，让孩子积累这种体验，那么他将来一定会变得开朗、快乐，并能自立、自律地度过一生。

为了达到这个目标，"认可接纳本真的孩子"就是开始的第一步。但是，这也确实是知易行难。阿德勒心理学和后面的第三章介绍的NLP就阐述了各种可以帮助到母亲们的智慧方法。接下来就让我来向你们一一介绍。

本章小结

◆在养育男孩子的过程中,最初我们应该做的就是要培养孩子能够"认可和接纳自己",从而让他意识到"我有能力用自己的力量来解决我人生中的问题"。

◆责备、惩罚、羞辱孩子,对改善孩子的问题行为起不了任何作用,因为这样的方式和言语会让孩子不接纳自己。

◆如果妈妈一味地批评孩子,会让男孩子内心深处始终沉浸在"自己不能被妈妈认可是很糟糕的"情绪中。

◆一旦孩子认可和接纳了自我,我们就能开始培育他们自立意识的萌芽。

◆如果母亲们能够正确理解这一点,并用恰当的语言与孩子交流,让孩子积累这种体验,那么他将来一定会变得开朗、快乐,并能自立自律地度过这一生。

第二章
亲子教育不批评、不表扬
——出自阿德勒心理学

在第一章中我们已经介绍过,阿德勒博士对责备、惩罚、羞辱孩子持否定态度。但是人们不免会抱有这样的疑问:"在实际的育儿过程中,不批评怎么能管教好孩子?如果不批评孩子,孩子会不会变得任性、自私?"

一旦孩子有问题行为发生,我们首先要考虑的是:孩子那样做的目的是什么?

尝试从"目的"出发解决问题

> 阿德勒心理学认为"问题的所在不是原因，而是目的"，一旦孩子有问题行为发生，我们首先要考虑的是：孩子那样做的目的是什么？

多数心理学都是从探寻原因入手，从而找出解决方法。每当男孩们出现问题行为的时候，首先考虑的是"为什么做这事"，找出原因，然后排除这个原因，解决问题。阿德勒心理学则认为"问题的所在不是原因，而是目的"，这是阿德勒心理学理论的特征。一旦孩子有问题行为发生，我们首先要考虑的是：孩子那样做的目的是什么？

比如有一个男孩，去托儿所之前总是磨磨蹭蹭，不做任何出门前的准备。如果从原因入手，我们就会找出："孩子可能是不喜欢早起、孩子在幼儿园会不会有什么不开心的事发生、孩子就是太任性和太以自我为中心。"等原因。但是我们不妨从"孩子磨磨蹭蹭，从中他可以得到什么？"这个目的出发来加以思考。大多数的情况下，妈妈会说："快一点啊，你真是的！"一面批评孩子，一面帮孩子换着衣服，或是急急忙忙把面包塞到孩子的嘴边。但是，如果我们以目的为切入点来看待思考这件事，就会发现：在孩子磨磨蹭蹭的过程中，妈妈帮他把衣服穿好了，面包也送到了他的嘴边。虽然被妈妈唠叨了几句，不过对妈妈的唠叨并不太在意的孩子，他们的"磨磨蹭蹭"是可以给他们带来好处的。每天这样的经验告诉孩子：磨磨蹭蹭是可以达到他的目的，获得他想要的。

这个时候，阿德勒心理学认为：在问题行为发生前我们先找到他的目的，探究他的目的所在其实更为有效。如果让孩子有了"即使磨磨蹭蹭，妈妈也不会来帮我做出发前的准备，磨磨蹭蹭就没有早饭吃"这样的经验，他就能慢慢从中学会应有的行为态度。所以，在这个例子中，妈妈无须出手帮助孩子，她只要传递给孩子例如"长针指到这儿，短针指到那儿，我们就要从家里出发了"或是"这个电视节目一结束，我们就要出门了"这样清晰而简洁的信息。实际操作时，只要一到说定的时间，哪怕孩子没有吃完早饭，也要从家里出发。这时，妈妈切记不要带着"这是他活该"的情绪，较为理想恰当的表达可以是："真可惜啊！但是没有办法，我们出发吧！"这样的态度让孩子体会到不能按时做好出发前的准备，没时间吃早饭，就只能饿着肚子去托儿所，上课就会没有元气没有精神。让孩子在真实的体验中得到认知和学习。这就是"不批评"育儿的基础。我们要培养孩子"为自己的行为所产生的后果负责"的这种自立的习惯。

"比起原因,我们更应关注目的",这一阿德勒心理学理论,对在育儿过程中的父母们来说,就像一颗希望之星。为什么这么说呢,因为"原因"多为过去所发生的事情,当下,就算知道了原因,我们也不能用时光机把我们带回到过去,去排除掉这个"原因"。如果我们关注了目的,从"当下怎么办"入手来思考,应该更为有效。

男孩常见的问题行为

> 男孩们总是精力充沛。他们喜欢到处走动,尝试许多事情,喜欢去冒险,勇于去挑战。男孩们的出格举动和调皮的行为总是令父母抓狂。

如果不是从原因,而是从目的着手,用有别于以往的视角来剖析,我们会发现男孩们出现问题行为的目的,大致可以分为四大类:

1. 引起关注
2. 权力争夺
3. 复仇
4. 没有朝气、有气无力的夸示

现在我们来一一介绍这四大类目的的内容和对策。

目的一　引起关注

我们在日常生活中不时能看到这样的场景:妈妈在厨房忙着,孩子却老是跟着妈妈寸步不离或是每当妈妈接电话的时候,孩子就开始发出点声响,弄出点动静。不用说,孩子这些行为的目的就是为了吸引妈妈的注意。妈妈也完全被孩子"给骗了",停下做菜的手训斥孩子或是特意用手遮住电话机的话筒,批评孩子。而对男孩子们来说,他们吸引妈妈注意的目的却达成了。有的时候甚至因为孩子的吵闹声太厉害,妈妈们只好和朋友打招呼,先把电话给挂了,过后再回打过去。这个时候就宣告了男孩子们的完胜。如果这样的情况每天都在重复发生的话,男孩子就会从中得到这样的经验:为了引起父母的注意,哪怕给他们制造点小麻烦,也是没有关系的。

对应策略

比较有效的对策就是在这个时候不要去关注他们的行为。给他们一种"即使你这样做了,也不能达到你的目的"的体验。其实,男孩子们并没有什么恶意,他们只是想独占自己的妈妈而已。所以,当孩子一个人埋头搭着积木的时候,妈妈的一句"你搭积木的样子好帅啊!",当孩子自己一个人安静地吃饭时,妈妈的一句"自己吃饭也吃得好棒啊!",这些可以表达对孩子爱意的言语,才应该是妈妈们在日常生活中的首选。"不惹点小麻烦,妈妈也会注意到我""只要我积极地做一件事,妈妈就会关注到我",让孩子累积这样的体验才是积极而重要的。

目的二　权力争夺

孩子对你说的话置之不理，就当耳旁风，这种事妈妈们常会遇到吧！

到了规定好的时间，也不能停下手中的游戏；玩具散乱得到处都是，也不愿意去收拾。"赶快去收拾玩具""不，我不收"类似这样的对话，会让妈妈们抓狂，紧接着就是带着情绪的批评。但是，我们要想一下，孩子这样做的目的是什么。实际上，这就像是一场平等的"较量"。也就是说，他们不喜欢父母高高在上的感觉，他们也要夸示自己的权利。所以，当与父母站在同一个争斗场上开始针锋相对较量的那一刻，男孩子们的目的就已经达成了。

对应策略

首先，妈妈们要从"争斗场"上退下来，说得更彻底一点，就是在妈妈走上"争斗场"之前就要有所察觉。不批评不等于孩子说什么就是什么。为了不和孩子发生冲突，就对孩子言听计从也是不可取的。我们需要给男孩子们传递一个积极的信息：行使权力并不重要，重要的是互相尊重。所以，妈妈不要命令孩子，尊重男孩子的存在，在此基础上多寻求他们的支持，让他们拥有这种感觉非常重要。同时，妈妈也不需要贬低自己，尊重自身的存在也很重要。

比如，有一天你必须比往常更早一些赶到公司，要比平时早 15 分钟走出家门。这也意味着孩子也要提前 15 分钟做好离家前的准备，因为只有这样你才来得及把他先送到幼儿园然后去公司上班。在这个时候妈妈常会对着孩子说："你快一点哦！妈妈今天必须提早去公司上班呢！"但是，我们换位思考一下，如果今天先生也对你说同样的话："你快一点哦！今天我必须提早到公司上班！"你是不是也同样会觉得不舒服呢？所以，并不是说因为他们是孩子，我们就可以忽视他们的感受，忽略对他们的尊重。"妈妈今天必须要早一点去公司上班，因为有一项非常重要的工作需要妈妈去做，你能帮助妈妈早一点做好出门前的准备吗？"让我们用这样的说话方式和孩子沟通。在问题行为发生之前，我们就要留意我们要传递给孩子的信息是：我们并不是要行使家长的权力，而是要尊重孩子们的存在。

当男孩子有求于妈妈的时候，也是同样的道理。"妈妈，橙汁！"当孩子用类似这样对妈妈不那么尊重的口吻说话的时候，妈妈可以这么问他："橙汁怎么啦？"用这样的回应方法，促使孩子知道妈妈希望他用完整的尊重他人的言语说话。这样做，可以让孩子知道彼此相互尊重的重要。男孩子一旦能感觉到他是一个被尊重的人，那么在他的心中就会萌发出自立意识的幼芽。正因为男孩子和妈妈之间有了自我边界的出现，在心理上他们也会一点点变得更为独立。

目的三　复仇

男孩子为了达到这种目的的问题行为，比起第一阶段的"引起注意"、第二阶段的"权力争夺"要来得严重一些。引起注意是一种轻微程度的恶作剧，而权力争夺就是"较量"了。那么接下来介绍的第三阶段"复仇"就是更深刻的问题行为了。比如，孩子把玩具散落一地，而你不小心踩到了玩具。"这是我喜欢的玩具，妈妈是大傻瓜。"孩子一面大哭，一面发着脾气。"对不起，妈妈不小心，没注意。不过，既然这些都是你心爱的玩具，玩儿过了为什么不收拾起来呢？""哇！我也要把妈妈的东西踩坏！"孩子一边说一边把妈妈的东西往地上扔……当孩子发生这样的问题行为时，大多数妈妈会束手无措吧！类似这样的问题行为，就属于"对家长的复仇"。男孩子感觉到"自己被妈妈伤害了"，作为"复仇"他认为也要"伤害"一下妈妈。

对应策略

在这里，比较重要的一件事是妈妈需要很好地控制自己的情绪，不要让孩子"如愿以偿"地用这些言语伤到你。"踩坏玩具妈妈心里也不好受，但是把玩具扔得到处都是的可是你自己，妈妈也发自内心地向你道了歉，但你还不依不饶，一直怪妈妈……"妈妈们要注意了，不要带着以上的这种情绪，否则男孩们"复仇"的目的就达成了。一旦他们觉得这种模式是有效的，以后他们就会反复使用这种招数。这时妈妈最需要表达的是接受孩子的情绪，并由衷地向孩子表达歉意："对不起！把你心爱的玩具弄坏了，妈妈真的非常抱歉！"不过，妈妈这个时候也要留意，不要让自己抱有罪恶感，没有必要讨好孩子。如果孩子还是不肯罢休的话，可以和他保持一点距离，或是到另外一个房间。而如果这个时候孩子的爸爸或是其他家庭成员介入，接纳孩子的情绪，效果也是不错的。因为这时，由妈妈来应对孩子的情绪，总难免会有"强词夺理、找借口"之嫌。

"到这里来让我看看，玩具被踩坏了，确实让人难受！"或是"妈妈对你也是感到非常的抱歉啊！"家里的其他成员用这样的话语接受孩子当下的情绪,并进一步充分察觉孩子当下的心理状况。如果最后再加上一句:"往后如果我们不想看到再发生这样的不愉快的事,那么我们大家都互相注意一点好不好!"这样的话语,那就更理想了。

但是,如果这个时候他无论如何都没办法控制男孩的情绪,那就给他一点时间,让他自己平静一下。让孩子知道在这个世上,并不是所有的事情都会如他所想所愿,这非常重要。

当我们看到幼小的孩子伤心的样子,心里都会不好受。但是,世上不是事事都会顺遂他们的心愿。当他们踏入社会的时候,如刚才举例中的孩子,因自己的闪失没有保管好物品,而使物品遭受了损坏,虽然别人道了歉,但仍然觉得自己受到了伤害。这个时候,如果只是一味地怪罪对方,这也不是一种健康积极的心态。培养孩子有一颗接纳自己受伤情绪的心尤为重要。

男孩子一旦习惯于事事都要顺着自己的心意,就会产生一种周围人都应该事事照顾自己情绪的想法。当他步入社会,他的上司对他言辞严厉一些,或是他的同事对他说话让他觉得不那么舒服的时候,他的小心脏就很容易受伤。他会很自然地认为,要让我拿出干劲工作就要顺着我的心意。如果在你的职场中有一位这样的男生,你会觉得他是个有魅力的男人吗？

还有一点非常重要。有的时候，妈妈本身并没有说伤害孩子的言辞，而且出发点也是为了孩子好，但事实上却对孩子造成了伤害。比如，妈妈为了激励孩子，会对孩子说："你们一个班的Ａ君连三位数的心算都会了"类似这样拿出别人的例子来激励自己的孩子。这个时候，男孩就会不知不觉地接受妈妈对自己的否定，这其实对孩子也是一种伤害。还有，比如在亲戚朋友面前把男孩子的性格或某种兴趣爱好当作笑话讲，无形中对孩子也是一种伤害。

如果父母在孩子幼年期曾经用言语伤害过孩子，往往到了青春期，孩子就会予以激烈的"复仇"。现在看似对你顺从，但是内心深处却受到了伤害。所以我们一定要非常注意我们的言语是否会伤了孩子的自尊心。

目的四　死气沉沉、有气无力的夸示

说着"反正我什么也做不好"，做什么事都没有干劲，打不起精神，面对孩子的这种状态，家长们也是非常烦恼的。这样的孩子做什么事都没有自信，而且对什么事都不愿意主动去做。这在四种目的中，问题是最严重的。在孩子的心里，他非常厌恶失败。因为对自己缺乏自信，所以总想着做些什

么可以避免失败。乍一看是无欲无求，但其实绝对不愿意失败的心声是非常强烈的。这种问题行为的目的是什么呢？实际上，他们用展现自己不在意的方式，希望他们的父母不要对自己抱有期待。

有时候，妈妈觉得孩子挺可怜的，就会想方设法向他们伸出援手。比如，当听到孩子对自己说："我很想跟××君一起玩，可是××君很受其他同学的欢迎，他不会跟我玩吧。"这个时候有的妈妈就会主动给那个同学的家里打电话；有的妈妈会带着孩子去跟那位同学一起玩。总之，妈妈们会帮助孩子去达成他们的目的。想和小伙伴一起玩耍，但是又担心自己发出的邀请会被拒绝。以前他们可能有过这样失败的经验，为了避免再次重复同样的经历，他们不想去尝试做，但是他们的目的却是想得到怜悯，让父母对自己不要抱有太高的期望，把这个任务交给妈妈来完成。总之，就是不愿意接受失败的结果。但是，在这个世界上没有经历过失败的人是不存在的。正是因为经历了失败，在失败中成长，他们才可以一步步地向前迈进。如果我们一次又一次地帮男孩们达成目的，而不是让他们从失败中汲取经验，这样的男孩子永远也不能长大成人！

对应策略

对于这样的男孩，我们需要的是赋予他们"勇气"。

如果想和小伙伴一起玩耍，让他自己去向小伙伴发出邀请。如果他实在没有勇气跨出这一步，发出声音，那也没有办法，就只能够接受这个事实。母亲没有必要去帮助他。我们要接纳孩子，接受他没法主动向小伙伴发出邀请这个现实，我们可以对他说："今天没有能邀请你的小伙伴和你一起玩，真有点儿可惜呢！不过下次我们可以做到的，对吧？"。还有一种可能是：孩子向小伙伴发出了邀请，但他被拒绝了。这时候我们可以这么对他说："是这样啊！有点儿不好受吧！下次你再发出邀请，小朋友可能会接受和你一起玩儿呢！"这时我们需要的只是原原本本地接受这个事实。无论孩子是成功还是失败，我们都要尊重孩子，并且完全接受所发生的所有事实。这样做的结果可以让孩子逐渐接受"自己失败"这一现实。"是啊，在这个世上有着很多不顺利的事情，但是即使这样妈妈还是会认可失败的我。"通过这样反复的体验，以及经验的累积，孩子们这种无力夸示的行为会得以消解。

辨别问题行为所属类型的方法

> 对于孩子的问题行为,无须寻找原因,只看目的。有意识地避免斥责、惩罚、羞辱孩子,这一点非常重要。

我们已经了解了"吸引注意""权力争夺""复仇""无力的夸示"这四种问题行为的"目的"。孩子的问题行为的"目的"是什么,你了解吗?即使有时你能一眼就看出孩子的"目的"所在,但是看不清的场合也不会少。这里就介绍一下简单明了的辨别方法。实际上取决于当男孩子发生问题行为的时候,妈妈们一般都是报以怎样的情绪和感情,在这里我给出一些线索提示:

1. 妈妈如果焦虑烦躁——男孩子的目的:吸引注意。
2. 妈妈如果感到了愤怒——男孩子的目的:权力争夺。
3. 妈妈如果感到受到伤害——男孩子的目的:复仇。
4. 妈妈如果产生了怜悯的情绪——男孩子的目的:无力的夸示。

怎么样？妈妈们有线索了吗？

在这里，我们再整理一下对应策略：

1. 吸引注意——对应策略：无须关注。我们只需对孩子的建设性积极行为予以关注。

2. 权力争夺——对应策略：避免和孩子站在同一个"争斗场"上。妈妈不使用权力，与孩子之间互相尊重。

3. 复仇——对应策略：不抱有罪恶感。日常生活中不用言语伤害孩子。

4. 无力的夸示——对应策略：不要对男孩子抱有可怜同情，原原本本地接受孩子即可。

就这样，无须寻找原因，只看目的。有意识地避免斥责、惩罚、羞辱孩子，这一点非常重要。

不轻易表扬孩子

> 经常表扬孩子并不能提升孩子的自我肯定感,相反,这些孩子可能会变得"总是寻求别人的认可",并且在他成年后,可能会形成一种过于依赖于别人观点的自我观念。

我们介绍了"不批评孩子"之后,现在说一下"不表扬孩子"。

阿德勒博士在对"批评孩子"持否定态度的同时,也对"表扬孩子"同样抱有否定的看法。实际上,表扬这件事并不能提升孩子的自我肯定感。哪些行为或是结果是需要表扬的呢?比如,孩子自己收拾了玩具(行为)、考试得了满分(结果),我们都会表扬孩子。大人们早于孩子来到这个世界,他们会觉得自己比孩子们见多识广,所以在和孩子接触的时候,他们的言行会不自觉地表露出自己是最正确的。但是,我们究竟又能在多大程度上准确地辨别什么是正确的什么又是错误的。以自己的价值观为基准,根据是否超越这一基准来决定是否加以赞扬,大多数的情况下这种做法蕴藏着危机。

谁的心里多多少少都会存在一些有失偏颇的臆想。妈妈的表扬，有时也有可能将自己的臆想强加于孩子。很多人都会有这样的想法："赞扬的言语对孩子不是一种激励吗？"比如，孩子考试得了好成绩，比赛取得了胜利。因为孩子爱着妈妈，妈妈的赞扬会让孩子快乐，这样的精神激励，可以让孩子奋起努力学习，取得好成绩。乍一看确实没毛病，但实际的结果却未必好。

到我的心理咨询工作室来咨询的成年男性有不少人会对我这么说："进入社会以后，工作中得不到上司的好评，工作起来完全没有干劲。"进入社会，在单位工作为社会作出贡献，这是理所应当的，不可能事事、时时受到表扬。一旦每天都期待受到赞扬、好评，反而会让你变得更不好受。况且，表扬的标准是什么，孩子是不是需要达到一个标准才能得到我们的认可。我们再回看前面的论述，最重要的是接纳本真的孩子，否则就会传递给孩子这样一个信息："原来我什么也做不好。"得不到上司的好评、表扬，就没有工作动力的成年人，他们就处于一种无法接纳本真自己的状态。他们无法认识到"我是有能力靠自己来解决我人生的问题的"。对他们而言，上司的表扬是那么不可或缺。

更何况，有些孩子无论怎么努力也无法达到妈妈要求的标准、获得妈妈的表扬。那么这些孩子应该怎么做？我们常会看到，有些孩子常常能获得表扬，而有些孩子，老也得不到表扬。如果你为了让孩子得到表扬而降低标准，因为一些小事就表扬孩子，这样对他的成长并不会产生积极的影响。有的孩子做了一点小事就会说："妈妈看啊看啊，我做了这个！"而不断地寻求你的表扬；另外有的孩子则会产生"因为那么点小事就得到了表扬，你们大人是不是把我当成没脑袋的人了"的想法。在这里，我们来理清"表扬"的利弊。

如果我们必须制定一个表扬的标准，那这个标准很可能因个人的主观认知而有失偏颇。

孩子一旦达不到被表扬的标准，他们就会这样想："我不能被认可，我是不被接受的。"

常被表扬的孩子和不常得到表扬的孩子被区分对待了。

从这里我们可以看到，"表扬"为什么会夺去男孩子的独立意识。

用言语赋予孩子勇气很重要

赋予孩子勇气的方法就是让孩子认识到："无论成功与否，做我自己就好。"平时没有什么特别的事发生也能活用赋予勇气的言语，比如：看到孩子自己独立吃饭，可以说"你吃得好开心啊！"

所有的男孩都能成长为一个自立、自律，并能认识到"自己的人生问题自己有能力解决"的人。让孩子自我肯定是有方法的。阿德勒博士把这称为"鼓起勇气"。鼓起勇气是指让孩子认可原本的自我，促使孩子能够认识到自己并非完美也未必那么不堪。

当有一天，男孩子兴奋地对你说："今天，我第一次可以在单杠上翻转上杠啦！"这个时候，我们该怎么回应他才是对他的鼓励呢？我们脑海中能浮现出的言语不外乎"不错啊，你真棒啊！"之类，如果能被最爱的妈妈如此赞扬，孩子们一定会非常开心。但是，从鼓励孩子的角度来看，这样的赞扬之词是有些不足取的，理想的回应应该是"你看上去真开心啊！你是怎么做到的？""一脸成功的表情，现在的心情怎么样，一定很爽吧！"。那么，"真好！你真厉害！"

这样的言语，有什么不对吗？实际上，"你真厉害！你好棒啊！"这样的言语，加入了说话人的评判，"因为你成功了，所以你真棒。"把焦点对准了这件事的结果,总之,"厉害""真棒"这些词语在赞扬的时候使用。如果是这样的话，当孩子对你说"我们班里只有我还不会在单杠上翻转上杠"的时候，我们就会无言以对。但是，我们还是需要用同样赋予他勇气的言语："你看上去有些失落呢，下次试试，看还有什么其他的好方法""你看上去有些没精神呢，现在心情还好吧？"让孩子知道无论他是不是做成了这件事，我们都会用同样的态度对待他。赋予孩子勇气的方法就是让孩子认识到："无论成功与否，做我自己就好。"

而且，赋予勇气的言语，平时也能使用。平常没有什么特别的事发生也能活用鼓励的言语。比如：看见孩子和朋友愉快相处，一起玩耍的时候，我们可以说"你玩得好开心啊！"；看到孩子自己独立吃饭的时候，我们可以说"你吃得好香啊！"

在养育孩子的过程中，妈妈们容易对孩子的生长发育状况比较敏感。与其他孩子相比是不是有些发育迟缓啊？是不是比其他孩子话说得迟啊？总之，对这类事情非常在意。有时想着要怎么褒扬自己的孩子时，当然免不了要找出自己孩子的长处，但是有时会发现，我们怎么也找不到孩子可以被夸赞之处。赋予孩子勇气的言语不是相对评价，而应该是绝对评价，只看眼前这个本真孩子，才能做到这一点。为了做到这点，我们需要不只是在孩子做了让妈妈满意的事、得到了妈妈希望的好结果的时候，而是在任何时候都要用言语赋予孩子勇气，这非常重要。

赋予孩子勇气的言语要点

> 把焦点对准孩子的态度、情绪,而不是行为和结果,再者观察到孩子稍有意外性的行为,都要给予反馈。如果在亲子沟通中,父母在言语上能做到这两点,亲子关系就会处在良性的状态。

赋予孩子勇气的言语有两个要点:
一是,把焦点对准孩子的态度、情绪,而不是行为和结果。
二是,稍有意外性的行为,都要给予反馈。
这里我来举一个我家的例子。

把焦点对准孩子的态度、情绪,而不是行动和结果

不管孩子做了什么,能不能做成,只对孩子"正在准备做什么""向前看的情绪、态度"加以褒扬,给孩子打气。哪怕没有得到想要的结果,只要他们跨出了第一步,我们就该为这一步鼓掌,用言语为孩子加油鼓气。

在前言中我曾提到,我有一男一女两个孩子,在我刚开始学习心理学的时候,每当我让10岁的儿子整理屋子的时候,他都会回答我说"过一会儿"。在学习阿德勒心理学之前,

养育男孩:影响孩子一生的亲子沟通法

我会对他说:"过一会儿,那怎么行,快一点去收拾!"我一直对"过一会儿"这句话,心里有个疙瘩。想着我该用什么样的言语给孩子打气,让他能快一点行动呢。突然有一次,灵光闪现不经意想到:过一会儿就是过一会儿去做,也没有说不做。这样一想,到了下一次他说"过一会儿"的时候,我就对他说:"OK,那就等一会儿整理吧。"结果,他确实可以把房间整理得有模有样,比起以前我对他言辞严厉那会儿,要整齐许多。如果孩子连第一步也无法迈出,那么我们就先看孩子的大方向,对他向前看的态度给与褒扬、鼓励。

还有一个例子。我女儿小学三年级的时候,理所当然每天学校都会有些作业。但是,每天放学回家当我问她有没有作业的时候,五天里有四天她会回答说"没有"。虽然我心里也知道这不太可能,可还是什么也没说,由着她去。就这样一天过去,不到第二天早上她是不会想起作业这件事的。早晨,在做着各种上学前准备的时候,她会从书包里拿出作业,"啊,有作业呢!",说着用离家前的五分钟时间,急急忙忙开始做作业。这个时候,我该用怎样的言语给孩子打气呢?我会对她说"小S,你真是不到最后一刻不放弃啊!"这时孩子也会用满面的笑容回答我说:"嗯,我不会放弃的!"

稍有意外性的行为，都要反馈

有些事孩子做了，谁见了都不一定会表扬他，这些小事孩子即使做了也没那么起眼，或是也没有什么大不了的。但是尽管如此，如果这些事让你感到有些意外的话，说不定就潜藏着"可以被表扬"的可能。

"你踢球的样子和国脚××很像呢！"

"你知道的歌曲还真不少呢！"

妈妈们如果真有这样的想法，就不要吝啬，直截了当用这样的言语给孩子鼓气吧！这样的言语传递给孩子的信息就是：妈妈眼中本真的你就是足够好的。

我儿子上中学后，时不时会觉得刷牙是一件麻烦的事情。一天早上，上学前我对他说："小T，你们学校的校服真的很合适你呢！"因为我儿子非常中意他们学校的校服，我也很喜欢看到他穿着校服的样子。听我说了这句话，儿子立刻想起了什么"啊，我忘了刷牙！"说着一下子冲回了卫生间刷起了牙。所以，在寻找给孩子鼓气的言辞的过程中，我也是乐在其中。

在探寻怎么做才能赋予孩子勇气的过程中，我也变得更能够认可本真的孩子，更能接受"这个孩子就这样，挺好啊！"这样的想法。

女儿就读的初中，学校会按照学生的学习程度分班教学英语和数学这两门课程。根据这两门课的测试成绩，分快慢班授课，所以并不是所有的孩子都能去快班上数学课。如果这件事放在我学习心理学之前，我一定是希望女儿能进入快班学习。但是，女儿却因为喜欢慢班的学习氛围，特意在测试的时候没用尽全力，结果如愿进入了慢班学习。那个时候，我已经通过心理学的学习，可以心平气和地接受：孩子可以在她喜欢的学习环境中学习，比什么都好。我冷静地观察着女儿，认识到她喜欢的学习氛围就是最适合她的。虽然这是一件小事，但是在我惊讶于自身变化的同时，也切实地感受到这样的改变让我的心态变得更放松。所以我也由衷地希望本书的读者能够通过接纳本真的孩子，放下心中的重负，生活得更轻松快乐。

本章小结

◆ 如果让孩子有了"即使磨磨蹭蹭，妈妈也不会来帮我做出发前的准备，磨磨蹭蹭就没有早饭吃"这样的经验，他就能慢慢从中学会应有的行为态度。

◆ "不惹点小麻烦，妈妈也会注意到我""只要我积极地做一件事，妈妈就会关注到我"，让孩子累积这样的体验才是积极而重要的。

◆ 在问题行为发生之前，我们就要留意我们要传递给孩子的信息是：我们并不是要行使家长的权力，而是要尊重孩子们的存在。

◆ 男孩子一旦习惯于事事都要顺着自己的心意，就会产生一种周围人都应该事事照顾自己的情绪的想法。

◆ 无论孩子是成功还是失败，我们都要尊重孩子，并且完全接受所发生的事实，这样做的结果可以让孩子逐渐接受"自己失败"这一现实。

◆ 赋予孩子勇气的言语有两个要点：一是，把焦点对准孩子的态度、情绪，而不是行为和结果；二是，稍有意外性的行为，都要给予反馈。

第三章
如何读懂男孩子的心
——出自 NLP

阿德勒心理学充分汇集了非常实用的育儿信息。但是，这里还将介绍另一个现今广受世界注目的心理学学说 NLP（神经语言程序学 nervus language programing），这是一种更具实践性，谁都可以简单付诸实施的学说。

如果深入了解孩子的类型特质,妈妈们就很容易和孩子建立起牢固的关系。

"视觉""听觉""体感觉"三种类型

> 大多数人在体验一件事的时候,视觉、听觉和体感觉都会用到,只是使用方法因人而异。

我在做心理咨询的时候,时常会遇到一些妈妈向我诉苦:我总感觉自己跟孩子(尤其是男孩子)"性格脾性不合""不够投缘"。她们常常会说:"老大是女儿,和我相处融洽,儿子却和我怎么也合不来"或是"我先生和儿子倒是脾性相投,可是我总感觉融不进他们两个人的世界"。但是,脾性相投到底是怎么一回事呢?很多到我这里来咨询,有着"与孩子脾性不合"烦恼的妈妈们,相较于他们和孩子的"脾性不合"而言,母亲和孩子之间因沟通方式不当而造成意见分歧、互不理解的情况其实更多。她们共同的烦恼都是"与男孩儿之间的沟通不太顺畅"。

在NLP中我们用"代表系统"代表这种不同的沟通模式。

NLP起源于20世纪70年代美国加州大学理查德·班德拉的研究。他关注人的五感,观察那些成功人士,探究他们如何通过看见、听闻、感知来认识事物的,然后整合自我状态,并使之体系化和技术化。

比如,你给一个即将在众人面前做演说的人支招:"把听众当作南瓜,你就不会太紧张。因为有些在公众面前镇静自如演说的人,他们就是把听众看作了南瓜。"所以可以模仿他们,并把这种方法付诸实践,让自己不要因过度紧张而在众人面前说不出话来。

NLP也是一样,探究那些成功人士,他们是如何感知事物的状态、如何接收周围事物的声音,通过研究整理使之成为一门谁都能掌握运用的技术。这种技术被人们称为:"素人一夜就能成为熟练工""天才是如何养成的"。NLP适用于生活的各种场合,特别是沟通技巧方面,是一种非常实用的模式,被称作代表系统。

我们在体验一件事的时候,往往是通过五感获得"真实的体验"的。

人有五感:视觉、听觉、味觉、嗅觉、触觉。NLP特别从沟通的角度,把它们分为"视觉""听觉"和"体感觉"三大类。体感觉不只是手的触感、皮肤感觉到的触感,还包括心里的触动和身体倦怠感等身体内在感觉。总之,那些身体能感受到的感觉都包括在内。味觉和嗅觉也都归在体感觉一类。而代表系统就是指视觉、听觉、体感觉这三种感觉。

比如，我们和朋友一起在饭店里吃饭，看着菜单点菜，然后菜品端出来时的香味引起我们的食欲，和朋友一起谈笑间品尝美食，不经意间已经是酒足饭饱。像这样的经验大家也有吧。这就是通过视觉、听觉和体感觉获得信息，从而让自己意识到"这件事是真实体验过的"。然后，这个体验就像录影一样被完全输入到记忆中。此后再谈起此事的时候，当时所看到的、听到的以及感受到的，就像影像重现那样被再现出来。

大多数人在体验一件事的时候，视觉、听觉和体感觉都会用到，只是使用方法因人而异而已。有的人擅长从视觉获得信息，而有的人则是从听觉和体感觉获得信息。而且，当与人谈论起当时的场景时，擅长用"视觉"获取信息的人，他们会优先向对方传递"视觉"信息。擅长用"听觉"或者擅长用"体感觉"来获取信息的人也一样，他们会有不同的优先顺序选择他们擅长的"视觉""听觉"或是"体感觉"来向对方传达信息。NLP就是根据这个优先顺序，把人大致分为了三大类群：

视觉优先的人：V（Visual）

听觉优先的人：A（Auditory）

体感觉优先的人：K（Kinesthetic）

而且，V、A、K不同类型的群体，与人沟通的特征也各不相同。比如：分属不同类型的三人去游乐园，回来后表述事后感想时，他们会有以下的不同：

V：游乐园里有好多缤纷多彩、有趣的表演节目呢！

A：在游乐园里听到了好听的音乐，旋律到现在还在我的脑海里萦绕呢！

K：过山车到达最高点的时候，我紧张到身体都僵住啦！

另外，V、A、K在与人沟通的时候，他们的表现主要还有以下的不同：

V：这类人群他们一般语速较快，头脑灵活，能立刻察知周围发生的状况，但是也具有因自以为是而犯错，以及意见多变的倾向。

A：这类人群的语速相较于V类人群慢一些，语句文脉严谨，说话方式颇具说服力，比较喜欢讲道理，而且非常讲究语言表达的细微含义。

K：这类人群的语速，在这三类人群中是最慢的。他们会抓住事物的本质，从而做出判断，在得出结论之前需要花费一定的时间，他们很少贸然改变自己的意见。因为他们说话时比较感性，所以有时会让人比较难以理解。

类型诊断小测试

> 先来了解一下妈妈属于哪种类型,再来测试一下孩子属于哪种类型,根据他们的类型,采取不同的沟通方式。

首先,让我们来了解一下妈妈是属于哪种类型的。以下的问题,请选择最接近的回答。

1. 说到"圣诞节",你先想到的是什么?
   a. 圣诞树、街上的圣诞彩灯等有圣诞色彩的东西。
   b. 圣诞歌曲、圣诞钟声等,直截了当的圣诞用词。
   c. 寒冷的感觉、火鸡和蛋糕的香味、自己内心独特的圣诞感受。

2. 休息日你做了什么?——我们的问题侧重于为了回想起当时的场景,你进行了哪些想象。
   a. 试着回想当时所在之处的景色。
   b. 从为什么去到那里的理由开始回想。

c. 从身体里还留有怎样的感觉开始回想。

3. 说到一罐咖啡,首先在你脑海里浮现出的是什么?
a. 一罐咖啡的外观。
b. 罐装咖啡的广告宣传语和其中蕴含的意味。
c. 口感、香味。

4. 你在做笔记的时候,采用的方法最接近的答案是哪一个?
a. 会用多种颜色、不同箭头等记号做笔记。
b. 只用黑色,记录方式也是按成章的形式。
c. 省去无用的语句,用比较醒目的方式记下自己理解的关键词。

5. 选择衣服的依据,最接近的回答是哪一个?
a. 注重外观,选择自己喜欢的样式和颜色。
b. 选择限定品、性价比高,或是店员介绍并能接受的衣服。
c. 选择触感好,穿着舒服、可行动自如的衣服。

6. 旅行的时候,以什么标准做出选择?
a. 选择去以前没有到过的地方,景色优美或是街景时髦优雅的地方。

b. 选择有节日或是有著名葡萄酒庄的地方，总之要有一个理由，并自认为是值得一去的地方。

c. 选择去一个可以慢慢走走看看的地方；或者觉得呆在自己家里也很舒服的话，不去旅行也可以。

7. 学习一项从未体验过的运动时：
a. 通过观看此项运动的相关影像习得。
b. 通过阅读入门书、浏览网站，知晓该项运动的规则或是操作方法来习得这项运动。
c. 通过实际练习，用身体来习得这项运动。

接着我们再来看一下孩子是属于哪个类型。

妈妈们也对照一下孩子日常的情形，考虑一下自己的孩子是属于哪种类型。

1. 孩子说话的方式：
a. 看到的都会表达出来，比较喜欢说话。
b. 比较多地表达自己感兴趣的事情。
c. 不太会主动地表达，比较安静。

2.情绪、心情：

a.喜怒哀乐都写在脸上，心情转换、情绪转化比较容易。

b.基本上没有什么情绪的变化，心情转换要看时机。

c.饿的时候、疲倦的时候，情绪很差。

3.感兴趣的事物：

a.战队中的帅气的英雄等。

b.喜欢语言、数字（扑克牌、寓言故事绘本等）。

c.玩泥巴、搭积木、打闹等使用手和身体的游戏。

4.喜欢一件衣服的理由：

a.喜欢衣服的颜色、样式。

b.喜欢衣服上印的英雄人物、自己喜欢的数字等孩子在意的表现形式。

c.手感舒服、穿着舒适、行动方便。

5.孩子的外观表情：

a.因情绪，表情常会发生变化，一目了然。

b.表情不太有变化，冷冷的感觉。

c.不安的时候眉间紧蹙、高兴的时候带着羞涩，表情具有吸引力。

6. 记笔记的方法：
a. 色彩丰富，比较多地使用箭头等符号。
b. 只用黑色，可以成章地记录。
c. 省去无用的词语，只是将关键词用醒目的方式记录下来。

7. 别人跟他说话时的反应：
a. 立刻给出应答，不会用太多的时间思考。
b. 用自己的道理给出应答。
c. 花一定的时间给出应答，之后很少改变。

以上的测试问题，回答选项 a、b、c 里面，哪个答案最多呢？有三个以上 a 答案的人属于 V 视觉型，三个以上 b 答案的人属于 A 听觉型，有三个以上 c 答案的人属于 K 体感觉型。

各种不同类型孩子的特质

> 在孩童时期,孩子的感知类型非常显著,我们只有了解了孩子的特质,才能有针对性地对孩子采取相应对策,这样会更利于孩子的成长。

类型诊断测试的结果,与前面所提到的类型说明一致吗?就像我们先前提到的,我们大多数人其实 V 视觉、A 听觉和 K 体感觉都会用到,只是通过测试我们可以知道人们优先使用到的是哪种类型的感觉。

但是,在日常生活中我们不那么擅长的感知方式也会被得到开发,孩童时期不擅长的感知方式,随着年龄的增长会得到改善,这种例子也不少见。我们只能说在孩童时期,孩子的感知类型更显著。

V 型的孩子,他们可以在脑中立刻产生图像化的信息。他们在表达的时候会先在脑中浮现一幅画面,所以有时跟别人沟通的时候会借助绘图。另外,他们说话时可能会一个接一个地往外蹦词。碰到这种情况,你们不要对他们说:"说话这么快,别人怎么听得懂呢!"之类的话。V 型孩子在说话的时候着重点不在于一个一个话题，他们具有想到什么说什么的倾向。因为他们一般也不太在意你们在说什么，所以跟他们对话的时候一面补充他们说的，一面听就足够了。

A型的孩子对声音、语言很敏感，这类孩子也多喜欢数字。他们时常会有自己最爱（My Boom）的数字，擅长记住那些关于纸牌类游戏的文字。他们在记忆语言或者语意的时候多是通过声音来记忆。所以他们有时会搞错意思，闹一些笑话。我女儿就是典型的A型孩子，她小时候闹过一个笑话：春分的时候，我们通常会一面撒豆子，一面说："鬼怪都出去，幸福都进来。"可是，到了她那里就成了"鬼怪都出去，鱼糕都进来"（小朋友把幸福听成了鱼糕）。

K型的孩子，说话语速较慢。有的时候他们说的话可能容易让人不得要领。所以我们要有慢慢聆听的心理准备。不要使用类似"你在说什么呢？快点儿说！"这样催促的言语。这样会让他变得容易急躁，说话不加思考，含糊其辞。另外，这种类型的孩子还经常会使用肢体语言来表达，所以我们要在这方面多加以关注。通过这种方式，我们才能更深地了解到孩子想要传递表达的意思。

孩子和母亲是同一类型或是不同类型

> 三种类型的人言语表达方式各不相同，
> 优先顺序相同的人之间，沟通起来会顺畅些，
> 而不同类型的人，话不投机的也不在少数。

三种类型的人言语表达方式各不相同。当然优先顺序相同的人之间，沟通起来会更顺畅一些，而不同类型的人，话不投机的也不在少数。让我们看看母亲和孩子在优先顺序相同或是不同的情况下，他们交流的时候都会发生些什么。我们以优先使用视觉感知的V型妈妈为例，看看她们和不同类型的男孩沟通，会有怎样的情况发生。

V（视觉）妈妈/V（视觉）孩子

妈妈：今天在学校过得怎么样？哦！对了，记得你上次说有一个语文作业的发表，今天轮到你了吧，完成的还行吗？

儿子：啊！被你这么一说！本来是今天应该轮到我发表，不过我还没有十足的把握，所以我要求下次发表。

妈妈：嗨！你就是会耍个嘴皮子，正儿八经让你发表就

不行了。对了，这周不是轮到你当午饭值日生吗，围裙带回来了吗？趁现在还没忘记，快拿出来。

儿子：OK！

V（视觉）妈妈 /A（听觉）儿子

妈妈：今天在学校过得怎么样？哦！对了，记得你上次说有一个语文作业的发表，今天是轮到你了吧，完成的还行吗？

儿子：（妈妈你真是嘴快啊！）虽说今天是轮到我发表，但是我觉得今天发表的话可能会有点勉强，所以跟老师求情，老师说下次发表也行。我就下次发表。

妈妈：啊呀，还挺会跟老师求情的！对了，这周你不是午饭值日生吗，围裙带回来了吗？趁现在还没忘记，快拿出来。

儿子：（围裙？妈妈你说话不要那么跳跃啊！）嗯，围裙我带回来了，现在就拿出来吗？

妈妈：是呀！

儿子：（嗯？我把围裙拿出来了，妈妈又上哪儿去了？）妈妈，给你围裙！

妈妈：就放那儿吧！

儿子：妈妈真是好随意啊！

V（视觉）妈妈 /K（体感觉）儿子

妈妈：今天在学校过得怎么样？哦！对了，记得你上次说有一个语文作业的发表，今天是轮到你了吧？完成的还行吗？

儿子：那个……（嗯，留在身体记忆是什么呀？那个——好像有点模糊的印象。对了，今天我没有发表，那跟妈妈怎么说呢？）

妈妈：（有点儿着急，这孩子有没有在听我说的话？）

儿子：（对了，就跟她说我会下次发表）这……

妈妈：对了！这周你不是午饭值日生吗，围裙带回来了吗？趁现在还没忘记，快拿出来。

儿子：（咦，围裙？围裙？）……

妈妈：（哎呀！这孩子真是的，怎么在那儿发愣啊？刚才语文作业发表的事还没有回答我呢！）对了，刚才说的语文作业发表怎么样了？

儿子：（？？？）

就像这样，妈妈用相同的言语和孩子展开话题，可是不同类型的孩子对妈妈的言语抱有不同的感知，给出的回应也各不相同。当然，妈妈也会对不同类型的孩子抱有不同的感知。总之，这时妈妈对孩子抱有的感知，也是有别于他人对孩子的感知。

　　NLP 就是不同类型的人用来认知世界的地图。每一个人都可以拿着不同的地图，体验一下实际情况。其实我们的孩子常常和妈妈们所感知到的现实情况有着迥然不同的体验。在这里我们只是例举了 V 型妈妈和不同类型孩子的对话，在本书附录我们还例举了 A 型、K 型妈妈与 V、A、K 不同类型孩子间的对话，如有兴趣可以去看一下，找找自己与孩子的对应类型。

理解不同类型的差异,接受本真的孩子

> 如果深入了解了V、A、K的类型特质,妈妈们就很容易和孩子建立起牢固的依赖关系,一旦母子通沟顺畅了,孩子就会得到健康成长。

我们了解了不同类型的孩子,他们感知的优先顺序也是不同的,那么在与孩子对话的时候就应有意识地注意到这点。这样,我们就能够比之前不知情的时候更多地了解我们的孩子。

有一位通过我的讲座学会了NLP技巧的妈妈,她的一位好朋友有个烦恼:觉得自己总是没有办法和五岁的儿子好好地交流。这位好友就来请教她。于是,有一天这位妈妈和她的好友母子一起去饭店吃饭。席间她的好友问自己儿子"好吃吗?"孩子过了许久才若有若无地轻轻点了点头。可是男孩的妈妈这时候并没有注意到孩子的这一举动,而是沉浸在"孩子为什么没有回应"的情绪之中。

而这位学过NLP的妈妈却注意到了小男孩的这一细微的肢体反应,马上对孩子说:"是哦,你觉得很美味对吧!"

男孩子有点惊讶地看着这位妈妈，很开心，然后点了点头。这位学过NLP的妈妈当时很快意识到"这个小男孩是K型（体感觉）的孩子"。于是，在接下来的时间里接收到了很多通过男孩的肢体语言发出的信息。对应着这些信息和男孩对话，非常顺利。而另一方面，男孩的妈妈是一位典型的V型（视觉）妈妈。所以，在这之前母子二人的对话总不是那么顺畅。

从那以后，有几次这位K型的小男孩会一个人去这位妈妈家玩。每次回到家，男孩的妈妈都会告诉她的朋友："我家儿子好像很喜欢你呢！你们两个人真是意气相投呀！"这位学过NLP的妈妈就把NLP的代表系统介绍给了她的好友，她也很快就意识到了自己孩子是属于哪个类型，母子二人的交流也渐渐顺畅了不少。这位学过NLP的妈妈不久之后还收到了"我们现在的沟通一点一点地顺畅起来了。"这样让人欣喜的反馈。

V型（视觉）男孩子和K型（体感觉）妈妈的实例也有。每每男孩从学校回到家就会用很快的语速把学校发生的事一件一件地告诉他的妈妈。而妈妈因为渐渐跟不上孩子说话的节奏，时常会用生硬的语气回应孩子说："嗯，这些事好像没有什么大不了的嘛"后来，当这位妈妈了解到孩子是属于和自己完全不同的类型后，就会回应孩子说："你跟妈妈慢慢说好吗？这样的话妈妈更容易理解你说的话呀！"从此，那个男孩语速一快，他自己就会意识到"妈妈在听我说吗？她能理解我说的话吗？"然后对话就在边试探边回应的过程中进行。而妈妈也意识到了"孩子是那么在意我是不是在听他说话"，从而比以前更主动地去理解孩子的心情。

我有一个朋友，母子都属K型（体感觉）。男孩五岁，在我们家待的时间稍微久了一点，等玩累了困劲一上来，他不愉快的情绪就会明明白白地写在小脸上，接下来就在地板上来回打起滚来。如果这个时候他的妈妈不了解孩子是属于哪个类型的话，很有可能会严厉地训斥孩子。要是还有外人在场的话，妈妈就更会感到脸上挂不住，甚至开始怀疑自己的教育方式是不是哪里出了问题。K型男孩子的特质就是这样，他们的开心和不开心是很容易在脸上表现出来的。因为他们的体感觉非常敏感，一旦有了不舒适的感觉，他们会比其他类型的男孩强烈一倍。而这位妈妈却像没事人似的对孩子说："好吧好吧，你累了是吧，我们这就回家吧！"说着母子俩就提前回了家。看到这个场景，我悬着的一颗心顿时放了下来，"这对母子真是心意相通啊！"管教孩子有管教孩子的时机，有的是机会，不必在意这一时。如果在这个时候训斥孩子，是完全没有效果的。而且，人前训斥孩子，让孩子感到羞耻，弊大于利。正因为如此，阿德勒博士对"训斥孩子、惩罚孩子、羞辱孩子"一直持否定态度。

我在遇到 NLP 之前，没能像这位妈妈这样理解自己的孩子。我的儿子是 K 型男孩，V 型的我一直非常郁闷："为什么孩子的情绪会突然变得那么糟糕？为什么他一点也不掩饰、控制自己的坏情绪呢？"然后我自己的情绪也变得非常焦虑，并对自己的教育方式感到不安和没有自信。而现在，我可以理解孩子为什么会产生这样的情绪，然后针对性地采用更为有效的管教方法。在这之前，因为不了解而产生的不安，现在也得到了缓解："原来孩子是这么想的啊！""原来孩子是这样的情绪啊！"因为了解，所以让我安心。为人父母者都会对自己的孩子抱有特别的爱，好好地理解自己的孩子，可以让我们更爱他们，接纳本真的孩子。当孩子意识到本真的自己可以被妈妈接受时，他就会慢慢学会接受本真的自己。总之，孩子自立意识的萌芽就是这样慢慢地被培育出来的。

阿德勒博士说：可以懂得"他人就是自己伙伴"的最初一步就是懂得"妈妈是我的伙伴"。如果深入了解 V、A、K 的类型特质，妈妈们就很容易和孩子建立起牢固的信赖关系，一旦母子沟通顺畅了，孩子就会得到健康成长。

本章小结

◆在日常生活中我们不那么擅长的感知方式也会被得到开发，孩童时期不擅长的感知方式，随着年龄的增长会得到改善。

◆V型的孩子，他们可以在脑中立刻产生图像化的信息。他们在表达的时候会先在脑中浮现一幅画面，所以有时跟别人沟通的时候会借助绘图。

◆A型的孩子对声音、语言很敏感，这类孩子也多喜欢数字，他们时常会有自己最爱的数字，擅长记住那些关于纸牌类游戏的文字。

◆K型的孩子，说话语速较慢，有的时候他们说的话可能容易让人不得要领，所以我们要有慢慢聆听的心理准备。

◆管教孩子有管教孩子的时机，有的是机会，不必在意这一时。而且，人前训斥孩子，让孩子感到羞耻，弊大于利。

◆为人父母者都会对自己的孩子抱有特别的爱，好好地理解自己的孩子，可以让我们更爱他们，接纳本真的孩子。

第四章
与男孩子顺畅沟通的技巧
——阿德勒心理学+NLP

NLP的V（视觉）、A（听觉）、K（体感）的代表系统，对我们接纳本真的男孩子非常实用。NLP除了代表系统以外还有不少其他的技巧，它集中了在美国获得巨大成功的三大心理治疗手法，取其精华，在心理学上的地位毋庸置疑，并且在实际应用中其效果也让人刮目相看。

不断地磨炼提高孩子的沟通能力,将会让他们的一生受益。

回溯——告诉孩子你接受本真的他

> 回溯之所以能使对话进行下去，正是因为我们在回应孩子的时候，没有加入自己的感想和主观判断，而是原原本本地接受了孩子所说的。

回溯，简单说就是"重复"。

重复对方的话，有以下三种方法：

1. 重复对方所说的最后部分。
2. 重复对方所说的要领部分。
3. 重复对方所说的关键词。

男孩子：小明家真好呀！有 A 游戏、B 游戏，还有 C 游戏。今天我们在他家还玩了 C 游戏呢！真的好开心啊！

妈妈 1：真的好开心呢！

妈妈 2：他们家有三个热门游戏啊！打游戏一定很开心吧！

妈妈 3：你们玩儿了 C 游戏啊！

怎么样，不管是哪一种回应方式，对话都能继续进行下去吧！正是因为我们在回应孩子的时候，没有加入自己的感想和主观判断,而是原原本本地接受了孩子所说的。妈妈可以这样完全接受自己的言语,让男孩子感到很安心,所以他也愿意接着跟你对话。

　　回溯在什么场景下都能使用,尤其是男孩子表现出负面情绪的时候,更能发挥其功效。比如男孩子说"我讨厌小C,他很坏",一般妈妈们听到孩子说这话,肯定会对孩子说"不可以说小朋友坏话",有的还会问孩子"你为什么这么说呢?他对你做什么了?"大家是不是很容易用这样的言语回应孩子?

　　"不可以说小朋友坏话"这是对孩子的否定。孩子感受到朋友的不友好,这是事实。重要的是让孩子从这件事中可以得到哪方面的成长。另外,妈妈问孩子"你为什么这么说?他对你做什么了"是出于怎样的目的?如果你听了孩子的回答,确实觉得那个孩子不好,你打算怎么做?如果你听下来觉得小C并没有那么不好,你又打算怎么做?不管你做什么,你的这种回应言语都是想通过对孩子的询问收集信息,然后用自己的评判标准,最后找出解决方法。但是我们要做的是尽量鼓励男孩子自己去解决他的问题,这样孩子才能得到成长。

　　如果运用回溯的方法,妈妈可以说"你觉得小C很坏呀？"重复他的话。怎么样？这样回应孩子的话，是不是孩子更容易顺着你的话接着往下讲？这个时候，重点是要说"你觉得小C很坏啊？"，而不是说"小C很坏啊？"。我们在日常生活中，就用这样的方式和孩子对话，孩子会更愿意在妈妈面前暴露真实的自己，究其原因就是孩子能感受到"妈妈完全能够接受这样的我"。

  正因为可以认知接纳自我，孩子才能慢慢意识到"我要好好思考一下自己的事""我自己想办法解决也不是不可以"。其实，平时在我们与孩子不经意间的这些对话中，就隐藏着能激发男孩子意识到"我可以用自己的力量解决发生在自己身上的问题"的能量钥匙。

调整节奏和引领——了解孩子内心的想法

> 调整节奏和引领的目的,不只是要探究发生在孩子身上表面的问题,而是先让孩子安静下来,然后再去探寻背后重要的部分。

调整节奏和引领合二为一。

调整节奏就是跟上对方的说话节奏,配合对方说话的语速、音调、情绪、语气等。一般心理咨询师为了迅速跟来访者建立起互相信任的关系,都会有意识地这样做。根据男孩子所属的不同类型,调整说话的语速,注意用词也是一种调整节奏。如果男孩子用充满活力的语气在说话,我们也要用这样的语气回应;如果孩子是用平稳缓慢的语气跟你说话,我们也要做相应的调整,这样,更容易让对话顺利进行。

引领就是把孩子带入到你的节奏中。当男孩子情绪亢奋的时候,我们都会希望他能冷静下来,这个时候就需要用到引领的方法。但是,有时候男孩子处在相当兴奋的状态,你再怎么用平缓安静的语调对他说什么,都很难让他平静下来。这个时候调整节奏就显得很重要。最初,我们可以稍微顺着他的节奏，用稍显兴奋的语气回应他。然后，再慢慢地把语速降下来，渐渐地让他跟随你的节奏。比如，对着一个正在抽抽搭搭哭泣着，满心难过的男孩子，你可以跟随他的节奏，用稍微快一点的语速，同时又有点激动的语气跟他说："足球比赛输了，不甘心呢？难过呢？可惜呢？"用这种说话方式疏散他心中的郁闷，使他情绪平复下来。这样的对话一点点进展下去，再渐渐放慢语速，一字一句地听孩子诉说。妈妈可以这样对孩子说："今天小B传给你的球，你接得不错呀！而且，你还传给了小C，你们的配合真默契呀！让妈妈大吃一惊呢！"

男孩：我们（轻轻抬起下巴）训练的时候（轻轻抬起下巴）就这样练习的（轻轻抬起下巴）。

妈妈：是这样啊？你们在训练的时候就这样练习传接球的，还精心考虑过的呢！

男孩：嗯。

妈妈：在比赛中能把这招用上，还真厉害啊！

男孩：嗯。

调整节奏和引领的目的，不只是要探究发生在孩子身上表面的问题，而是先让孩子安静下来，然后再去探寻背后重要的那部分。孩子情绪一旦稳定下来，他看到的就不只是失败的比赛，而是在这个过程中证明自己的成长，以及体会到通过这次比赛给自己带来了什么。而这些是孩子们在激烈的情绪状态中无法看到的。所以我们需要引导他们先稳定情绪，然后慢慢去发现自己内心重要的东西。当男孩子认为他的言行不会受到约束的时候，他们的情绪是很容易亢奋的。这个时候你跟他说什么，他都不会听进去。

　　因此，我们在跟上孩子的节奏的同时，要引导孩子。学会了这种技巧方能在和他们的对话中游刃有余，了解他们内心深处的真实想法。

镜像——拉近和孩子的距离

> 掌握正确回应孩子的技巧，可以拉近和孩子的距离。

镜像就是以成为对话另一方的镜子的方式去回应，从表情到手势都要和对方同步。但是，如果你是完全模仿的话，会让对方产生违和感。所以，要尽量仿效的是对方说话的语气、氛围。如果男孩子斜着头带有疑问地跟你说话的时候，妈妈最好也稍微倾斜一下身子。如果孩子跟你边说边比划地交流时，妈妈最好也在说话时夹杂一些手势在其中。这样做可以更有亲近感，拉近和孩子的距离。

元模型——发现孩子身上更多的可能性

> 在与孩子的沟通中,如果发现对话的另一方在说话时有"省略""一般化"或"歪曲"的言语,可以用元模型的方式有效地提出问题。

当你问孩子"今天早饭吃了什么?"他们会怎么回答?

"土司、火腿、鸡蛋,还有沙拉和咖啡。"这样的回答,没有什么不对劲吧!

只是,与实际发生的情形相比,这个回答省略了很多信息。用来做土司的面包是从哪里买来的,火腿的生产厂家是哪里,鸡蛋是几分熟的,等等。但是,我们在平时的实际生活对话中,这些信息都会被我们适当地省略。不过,有时这些被省略的信息中却包含不少重要的部分。

男孩:别忘了帮我买回来!

妈妈:知道了,不会忘的。

妈妈:我回来了!

男孩:买回来了吗?

妈妈:大减价的零食。

男孩：不是这个，我要在学校用的圆规啊！

妈妈：你不早说清楚！

男孩：我说过啦，上周我不就跟你说了吗？！

妈妈：我昨天忘了给你买零食，你不是还不高兴来着？

这样的场景是不是似曾相识？我们会在不经意间省略对自己不利的部分。把被省略的信息挖掘出来，NLP把这种技巧称之为元模型。

另外，在我们日常的对话中，妨碍我们沟通的不只有"省略"，还有"一般化"和"歪曲"。"一般化"是指只在一个有限范围内适用的情况，被适用在了所有事物中的一种说话方式。比如，"现在的年轻人都不爱跟人打招呼"这种说话方式就是"一般化"。"年轻人"这种泛指的说法，把一些还是很有礼貌跟人打招呼的年轻人都概括进去了。孩子们在说话的时候是不是也经常会用这样的方式呢？比如"这个东西大家都有，我也要买"，但是，你再往下细问，就会发现有这个东西的孩子也就两三人。这就是孩子在说话时"一般化"的表现。

"歪曲"就是歪曲事实的表达方式。"妹妹太吵闹了，简直让我没法学习。"妹妹的声响在多大程度上妨碍了他的学习？其实可能他本人当时正不想做作业，而这时又因为妹妹发出了声响，使自己更加焦躁起来。就像这样，把原因和结果有意识地或是无意识地连接起来，这就是歪曲。另外还有，想当然地解释一个事物，也是一种歪曲。"听了我的发言，大家都笑了。他们都在笑话我。"大家都笑了这是事实，但是大家是不是在笑话你，这就不一定了。或许是大家觉得你发言的内容很幽默，也或许大家只是报以善意的微笑。

在NLP中，如果发现对话的另一方在说话时有"省略""一般化"或"歪曲"的言语，可以用元模型的方式有效地提出问题。通过有效提问可以还原修复被"省略"的部分、把被"一般化"的问题回归到个别事物中、把被"歪曲"的恢复到原本的样子。在与男孩子交流的过程中，如果孩子所说的言语让你感觉到无法理解，或是让你感觉到他关闭了所有可能性的通道，亦或是让你感觉到他在想当然地做出自己的解释……如果有这种感觉，就是给你一个信号，提示你需要用元模型的方式发问了。但同时，在与他们对话的时候，一定不要经常神经质地用元模型方式发问。我们平时在说话时多少都会有"省略""一般化"和"歪曲"的时候，所以，一般没有什么问题发生的时候，就由他去。如果觉得这里有必要再问一下的时候，再使用这个方式提问。否则，每件事都用元模型提问，孩子会感觉到自己是被否定的，以后就会有意识地避开和你交流对话。那么接下来，让我们再仔细了解一下关于"省略""一般化"和"歪曲"。

省略

尽管V、A、K不同类型的人各有差异，与女孩子相比，男孩子一般话语都比较少。很多妈妈都有这样的经验：和男孩子说话，听他说了半天还是不得要领，不知道他在说什么。有的时候真想对孩子说："你说的话我听不懂啊！你再跟我好好解释一下吧！"但是，如果这样回应孩子的话，就会传递出否定孩子的意味。这样男孩子就更没有意愿和我们交流了。这个时候就可以通过提问补充孩子说话时被他们省略的部分。比如"谁？""在哪里？""什么样的？""与什么相比？"等，来延续对话。

例如，男孩子从足球兴趣班回来，妈妈问："今天球踢得怎么样？"男孩回答："不好。"这个回答就是"省略"。在这里我们比较妥当的方法是避免问孩子"为什么？"。因为"为什么？"这个提问，会让孩子感到有一种责备的意味。这个时候，我们问孩子："怎么不好？"或是"什么地方不好？"会比较妥当。

比如，妈妈问："怎么不好？"如果孩子回答说："我想要做的动作,完全没做出来",这时妈妈可以这样回应他:"哦,今天你是带着自己的想法去上足球班课哒。"用这样的方式发现孩子积极的一面。我们试试看,用补缺省略部分的提问,说不定能意外地挖掘出些什么。男孩子在接受这样的提问时,他们也能发现自己身上宝贵、积极的部分。

就像在这个例子中,如果孩子说"不好",我们除了问他"怎么不好"以外,还可以问他:"什么不好?""与什么相比不好?"等。因为被省略了太多的信息,所以就要相应地用这样的提问方式,促使他思考:"是什么不好?""与以前相比不好吗?"这样的提问可以引导孩子发现隐藏在自己身上还没被发现的"宝物"。

一般化

"啊,又算错了!我怎么总是算错啊!""总是"这个词就是一般化的常用词。这个时候我们用元模型来提问就显得很有效了。

妈妈:总是?没计算错误的时候还是有的吧!
男孩:那倒是,也不全都是计算错误。
妈妈:所以啊,不粗心、算对的时候还是有的吧!

这样,对话就成立了。实际上,不粗心、算对的时候应该更多。就像这个男孩子,他们往往不自觉地用"总是"这些一般化的词语,过低评价自己的能力,给予自己消极的暗示。

除此之外,还有"大家都××""绝对""绝不""只能做××""应该做××""不能做××""不行""有必要做××"等,这些都是一般化常用的词语。当这些词语出现的时候,就是给你一个需要引起你注意的信号。"绝对不行"这样的言语,会把自己的可能性通道完全封闭。

当男孩子说出一般化的词语时,我们要寻找一个例外的角度来发问。比如,当孩子对你说:"小 D 好可怕啊,我只能服从他的命令!他怎么说我只好怎么做"的时候,你可以问他:"要是你不服从他的话会怎么样呢?"其实,这样的提问对孩子更有帮助。

男孩:他会打我。

妈妈:然后你会怎么办?

男孩:逃跑咯。

妈妈:然后呢?

男孩:嗯,应该能逃掉吧,我可比小 D 跑得快呀!

所以,当我们感觉到无法解决的问题就横亘在我们面前的时候,我们可以试着用元模型提问的方式找到解决问题的突破口。

歪曲

"为什么足球班的教练老觉得我不行呢!"我们说过,像这样想当然的解读也是一种歪曲。在这个时候,我们就可以问孩子:"你是怎么知道的呢?"孩子会说:"你看,在做带球练习的时候,只有我要比别人多5分钟!"其实,这也是一种歪曲。

妈妈:多做5分钟带球练习就表示你不行吗?

男孩:嗯,不知道,可能不是吧!

妈妈:那就是了。

不轻易盲信孩子所表达的信息很重要。虽然我们不是让大家都去怀疑孩子,但是谁都会有死心眼儿、钻牛角尖的时候。用元模型的方法发问,可以让孩子发现那些看似悲观、负面的事情,其实并非是那样。

"因为妈妈说她会收拾房间,所以我才不想收拾房间。"这种把事情的原因和结果硬要联系到一块儿的是"歪曲";"反正大家都觉得我是个傻瓜"这样想当然地解读别人的想法也是对事实的歪曲;"这样的好事可不会发生在我身上"没有明确的根据就对未来妄加预测也是歪曲。还有"这样做是错误的"，那么这样做对谁而言是错误的呢？这样不明确的言语也是一种歪曲。谁？怎么错了？都是不完整的信息，所以这种情况既是"省略"，又想当然地解读"错误"，是一种歪曲。

当男孩说"因为妈妈说要收拾房间，所以我才不想收拾。"的时候，妈妈试试看这样问他："能不能告诉我，妈妈说的话是怎么让你改变主意的呢？"

男孩：人家本来想要自己收拾的，可是让你先说了啊。

妈妈：我先说了又怎么了呢？

男孩：明明是我自己想做的。

妈妈：哇！你自己主动想要收拾房间，真难得啊！

虽然要做到什么程度、怎么做、是不是真的想做，这些都不得而知。或许，妈妈说什么或不说什么，孩子都可能不想打扫房间。也可能最后的结果是今天孩子并不会打扫房间。但是，不妨看看明天会怎样。妈妈不再说"把房间收拾一下"，因为孩子表示了他不想被别人说了再去收拾，所以，什么也不说可能更能促使他自发地想要去收拾。亦或是他不收拾也是有可能的。因此，当孩子不收拾的时候我们可以看到，其实妈妈说与不说他们都是没有收拾的想法。这才是重点。从这个实例我们可以发现，连自己都对任性的借口信以为真的时候是多么的危险。

米尔顿模型——赋予男孩子勇气

> 米尔顿模式就是一种赋予男孩勇气的方法。当孩子不安的时候，情绪低落的时候，请一定尝试一下。

前面我们已经举例说明了用元模型的方法，消除男孩子在表达中暧昧、模糊不清的部分，使表达变得更准确、清晰，让人容易理解。现在我们要介绍的技巧却和元模型截然不同，也就是说是一种暧昧、模糊的表达技巧。NLP 把它称为米尔顿模型。那么我们要问了，暧昧的表达会有怎样的效果呢？

"这次比赛，是我第一次当守门员，我行吗？"当孩子这样跟我们说的时候我们该怎么回应他呢？"你肯定行！"很多妈妈会这样回答吧！实际上，使用米尔顿模式，暧昧地、稍显无关痛痒的回应会更合适。我们回答孩子"你肯定行"的根据是什么呢？如果用元模型的方式来回应的话，你们刨根问底肯定是避免不了的。

"到现在你已经练习好久了吧！""这次比赛日正好是小 E 的生日，一定是个幸运日！"类似这样的表达都是米尔顿模式。"练习了好多次",实际练习了多少次是不知道的,这些大量练习与明天的比赛也不一定有必然联系。和伙伴的生日是同一天就是幸运日了,这也没什么依据。但是,用这样稍显模糊的言语,可以促使孩子自己去找出答案。

"对了,在练习的时候接住过好几个最厉害前辈的直射球呢!"

"是呀,15号,上回也是在15号抽中了好签呢!"

就像这样,让孩子给自己打气。另外,米尔顿模式还可以利用谚语、俗语、老话的方式给孩子鼓劲打气。比方说:"今日之苦,他日之福"这句话知道吗?今天的努力总有一天会有回报的。还有,用孩子喜欢的漫画人物说的话,效果也不错。

米尔顿模式就是一种赋予男孩勇气的方法。当孩子不安的时候,情绪低落的时候,请一定尝试一下。活用元模型方式和米尔顿模式与孩子交流,可以渐渐打开男孩子各种可能性的空间。

与青春期男孩沟通的技巧

> 在使用沟通技巧时,我们要尊重并接纳青春期男孩子自己的想法和意见,如果能做到这样,男孩子会更愿意和自己的父母沟通交流。

这里我们介绍的一些沟通技巧,都是我们心理咨询师在接受来访者咨询时经常使用的,通过这些技巧的使用,让我们与来访者的对话变得更为顺畅。

经常有来访者对我说:"男孩子进入了青春期,不但和我们家长之间的对话少了,而且还更叛逆。"还有另外一种说法是"孩子有叛逆期是正常的,没有反而更成问题",实际上这种说法也未必正确。男孩子一旦进入青春期,他们会比以前有更强的自我意识和思考。这是他们走向自立、独立的重要时期。我们在使用书中介绍的沟通技巧时,要尊重并接纳这个时期男孩子自己的想法和意见,如果能做到这样,男孩子会更愿意和自己的父母沟通交流。

通常男孩子们明明有表达自己的想法、意见的意愿,但是,他们表现出来的却是彻头彻尾的否定、油盐不进、根本不愿意去听、沉默寡言或是故意反抗的态度。有的失去反抗的气力，变得"父母怎么说我就怎么做"，唯父母是从。那么一旦他们踏入社会，就会在他们身上显现出各种深刻的问题。

如果妈妈在平时用这些技巧和孩子交流沟通，孩子也会潜移默化地学会这些沟通方式，他们的沟通能力也会得到培养，说不定孩子们会学得更快。几周过后，你会吃惊地发现，在和你沟通交流时孩子正在呼应，合上你的节奏。我们常听到人们在抱怨现今的年轻人沟通能力低下。然而，企业、社会都在寻求拥有高超沟通能力的人才。我们在日常生活中，不断地磨炼提高孩子的沟通能力，将会让他们的一生受益。

本章小结

◆ 回溯在什么场景下都能使用,尤其是男孩子表现出负面情绪的时候,更能发挥其功效。

◆ 如果男孩子用充满活力的语气在说话,我们也要用这样的语气回应,如果孩子是用平稳缓慢的语气跟你说话,我们也要做相应的调整,这样更容易让对话顺利进行。

◆ 当孩子在激烈的情绪状态中时会忽略内心真正的想法,这时需要我们引导他们先稳定情绪,然后慢慢发现自己内心重要的东西。

◆ 在与男孩子交流的过程中,如果孩子所说的言语让你感觉到无法理解,或是让你感觉到他关闭了所有可能性的通道,等等,如果有这种感觉,就是给你一个信号,提示你需要用元模型的方式发问了。

◆ 如果妈妈在平时用这些技巧和孩子交流沟通,孩子也会潜移默化地学会这些沟通方式,他们的沟通能力也会得到培养。

第五章
"虎妈们"容易落入的陷阱
——阿德勒心理学+NLP

读到这里,大家已经能够理解为何赋予男孩子勇气的言语是如此的重要。但是,知易行难,如果我们一直置身于日常的慌乱情绪,那么在潜移默化之中,男孩子也会变得焦虑不安和愤怒。特别是那些热衷于教育和管教孩子、个性要强的妈妈们,更容易用力过猛。在这里,我们将对这些妈妈们容易落入的"陷阱",进行分析解说。

培养孩子「我有能力解决自己人生中的问题」的意识,也是培养孩子独立意识的萌芽。

"孩子的问题"和"妈妈的问题"

> 妈妈们往往把孩子的问题当作是自己的问题，如果长此以往的话，孩子们要到什么时候才会意识到这些问题是他们自己的问题呢？所以重要的是从开始就分清"孩子的问题"和"妈妈的问题"。

在日常生活中，孩子和妈妈之间常会有这样那样的问题产生。这些问题可能会给双方带来焦虑和不安，有时甚至会让双方说出一些伤害对方的话。那么下面我们来举一些例子，看一下在家庭生活中经常发生的，同时又是和孩子"说不清，道不明"的问题。这些问题究竟是"孩子的问题"还是"妈妈的问题"，让我们先弄清这点，再加以思考看如何解决这些问题。

1. 孩子每天早上上学前的准备工作总是拖拖拉拉，甚至还上学迟到。
2. 孩子把东西随意放在餐桌上，妨碍妈妈做饭前准备。
3. 孩子经常忘做作业。
4. 孩子不愿意做作业。
5. 明明是去参加亲戚的婚礼，孩子却说要穿旧T恤前往。

6. 特意为孩子做的便当，却被他忘在了家里。

7. 孩子每天晚上睡觉的时间变得越来越晚。

8. 孩子自己说要去上的兴趣班，现在却说不想再去。

9. 孩子说在学校被其他同学欺负。

在这里，问题1、3、4、6、7、8、9属于"孩子的问题"，问题2、5属于"妈妈的问题"。大家觉得怎么样？我们的判断标准就是：如果放任这个状态持续，感到困扰的是谁。

那么让我们先来看一下"孩子的问题"：

1. 上学迟到了，难过的是孩子。

3. 忘做作业，难过的是孩子。

4. 不学习，最后不好过的一定是孩子自己。

6. 不吃便当，肚子饿了，最后难受的是孩子。

7. 睡眠不足，妨碍的是孩子的生活，难受的是孩子。

8. 最初自己想要去的兴趣班，现在又不想去了，事后想起难受的是孩子。

9. 被其他孩子欺负，不好受的是孩子。

再来看一下"妈妈的问题"：

2. 无法做餐前准备，为难的是妈妈。

5. 亲友的聚会，是为大人们提供的社交场所，穿着违反常规的服装出席，让妈妈感到难堪。

但是，大多数的妈妈们容易这么想："孩子不抓紧时间做好上学前的准备，忘做作业，这些都是家长没有管教好孩子的结果。""这里虽然是孩子的问题，但是同时也是家长的问题，家长也是有责任的。"而且，深感自己的责任，一个劲地在考虑怎样才能让孩子抓紧时间做好上学前的准备，怎样才能使孩子不忘记做作业。这就是那些热心孩子教育，特别是好胜心强的妈妈们都会陷入的"陷阱"。实际上，这些妈妈的行为正在阻碍孩子发展他们的自立能力。

妈妈们经常会有类似这样的想法："因为我没有好好地管教孩子，所以孩子才没能做好准备工作。""因为我平时对孩子过宽松，没有严加管教，所以他才会做作业拖拉。"她们往往把孩子的问题当作是自己的问题，如果长此以往，孩子们要到什么时候才会意识到这些问题是他们自己的问题呢？

"说的是啊，我们完全没有意识到我们已经把孩子的问题都揽在了自己身上，不知道怎么样才可以让孩子快一点做好出门前的准备工作，怎么做才能让他们别忘做作业。"这样说的妈妈还真不少呢！但是，妈妈们的烦恼孩子们又能理解多少呢？特别是十岁以下的孩子，几乎是无法理解的。

其实，现在不少妈妈非常期望能改掉孩子身上这样那样的问题行为，但是，却看不到效果，毫无成就感地度过每一天。在我儿子还小的时候我也这样。每当他的行为发生问题时，我会批评他、跟他讲道理、生气，但是他还是一点改善也没有。在我教育他的时候，他会觉得"妈妈怎么又心烦了，妈妈怎么又生气了，这样的时间真难熬啊！"。现在我回过头来看，才发现当时孩子能感受到的就这些了。他们并没有如妈妈们所愿，意识到这些都是他们自己的问题。

如果一个孩子反复出现迟到、忘记做作业这样的问题行为，多半是他们没有觉得这是个困扰自己的问题。实际是，这些孩子自身也没有感觉到这给他们带来了多大的麻烦。所以重要的是从开始就分清楚"孩子的问题"和"妈妈的问题"，然后对应选择不同的言语。

接下来我们就逐一看一下这九个问题——"孩子的问题"和"妈妈的问题"，看看妈妈们该如何接受这些问题，并采取怎样的对应措施。

孩子迟到了，别管他
——"孩子每天早上准备拖拉，偶尔上学迟到"的对应策

迟到是一件不对的事，这个认知是需要教给孩子的。如果在知道了这一规则的前提下孩子还是迟到，那就是孩子的问题了。如果孩子觉得"这不是一个问题"，那就只能让他自己承担后果了。经常性地迟到，总有一天会有这样或那样的问题出现，肯定会因迟到而付出代价。作为父母只能静待孩子自己去经历这些，从中学到什么并获得成长。当然，妈妈们为平时的生活习惯制定一些规则，留意孩子的睡眠时间，为了一家人保持健康的身心下一些功夫是挺重要的。不过，为了不让孩子迟到而开车送孩子上学就完全没有必要了。如果孩子每天迟到，妈妈们一定会担心。现在家长为了不让孩子迟到，为他做这做那，但是从长远的眼光来看，这样对孩子的成长并非有益。

妈妈要给孩子做一个好榜样
——"孩子常常忘记做作业"的对应策

妈妈们常会担心孩子无法按时完成作业。但是,妈妈努力地坐在孩子身边陪读,这并不能让孩子特别是男孩子养成良好的学习习惯。他们只是不情愿地服从,学习内容并没有被记住。如果孩子本人没有学习的意愿,那就只能由他去了。

与其这样,妈妈不如自己在日常生活中严格守约,给孩子做一个好的表率。妈妈们要是常常忘了守时、守约,孩子们就会以为守时守约并不是一件那么要紧的事。所以,妈妈们非常有必要从自己做起,让孩子看到守时守约是多么重要。

如果任由孩子,一旦孩子经常忘记做作业,学校可能也会让家长多加管教孩子。但是,为了养成良好的生活、学习习惯,父母在孩子面前做好守时守约的榜样,其实对孩子来说也是一种很了不起的教育。这个时候，家长完全可以自豪地对老师说："我们想了不少办法，下了不少功夫让孩子可以自发地、专心地做作业，我们做了不少努力呢！"

培养孩子探究事物的好奇心
——"孩子不爱学习"的对应策

不管是过去还是现在,因孩子不爱学习而烦恼的妈妈不在少数吧!那些非常喜爱学习,不用大人督促就能自觉地坐在写字台前学习的孩子毕竟是少数。多少妈妈们总是叹气说自己的孩子不爱学习。更何况让那些元气满满、生性好动的孩子,一动不动地坐在桌前学习,他们当然会紧张,有压力。

在妈妈们中间不乏一些坐在孩子身边严格辅导孩子作业的虎妈,她们还会给孩子制定每天必须完成的各项任务。但是,最近人们已经知道"紧张情绪会给人的大脑带来伤害",尤其是对海马和脑前额叶的伤害更甚。海马是大脑中与记忆有着密切关系的部分。在高度紧张的情况下,海马就会萎缩,从而记忆、回忆等机能会衰减。前额叶处于大脑前额头的位置,是大脑中最为活跃的部分,它和人们的思考、判断、集中、控制冲动等脑力活动密切相关。一直处于高度紧张之中,会造成大脑的思考、判断、集中能力低下，控制冲动的能力下降，人就会变得易怒。

为了让孩子的学习成绩得到提高并获得成长，妈妈们请不要让他承受过度紧张的压力，这非常重要。把十分厌恶学习的孩子束缚在书桌前，勉强地让他学习，对这些孩子而言除了感觉有压力之外，他们什么也没有获得。

我们不用担心孩子对在学校对学习没有热情。今天在学校学了什么，或是没有学到什么，这些都是"孩子的问题"。孩子的学习就交给孩子自己吧！但是，孩子对事物的好奇心以及探知事物的乐趣养成是非常必要的。只要孩子拥有一颗好奇之心，并能体验到探究事物的乐趣所在，什么时候他们一旦懂得了学习的必要性，开始"认真"学习的时候，他们就能产生一种"想要掌握知识""考取资格、技能证书"的积极向上的欲望。

培养孩子的好奇心、探究事物的乐趣，最好的方法就是父母和孩子共同体会并感知其中的乐趣。这种乐趣是超越语文、数学的这些框框，是探知世界的乐趣，能感知到其中的奇妙以及初次认知事物的惊喜。无论什么样的话题，都要和孩子一起交谈。在我们日常生活中会有很多可以和孩子一起玩耍的事情，比如，到公园去游玩，有很多让人快乐的东西可以和孩子一起分享，培养孩子拥有一颗感知快乐的心，并珍惜和孩子一起体会感知快乐的时光。

对不喜欢学习的孩子，我们不要逼迫他去学习，让我们静待他们"开始认真学习"这一天的到来，并为此做好准备。培养他们乐于探究事物的好奇心，对这个时期的孩子而言才是最好的学习。

不批评，不抱怨，更容易解决问题
——"特意为孩子做了便当而被他忘在家里"的对应策

不只是便当，被孩子忘在家里的东西有很多。这时候我们都很想赶上去把东西交给孩子，然后，一面递给他一面对他说："下次要记住，别又忘带了！"但是忘带东西这是"孩子的问题"，孩子忘了带东西，并不会对妈妈的生活带来什么困扰，所以，妈妈因为这件事感到难受就没有必要。

孩子忘了带便当去学校，对他来说是件不愉快的事。到了中午，他就算肚子再饿，也没有东西可吃。但是，正因为有了这样的经历，他们才能体会到不忘记带便当有多重要。不批评、不抱怨，只要对他说："肚子很饿吧，好可惜啊！"或是对孩子说："妈妈还特意为你做了可爱造型便当，我也觉得很可惜呢！"这时候，直接表达妈妈此刻的心情没有问题。但是，请不要带着惩罚性意味的情绪对孩子说："还不都因为你自己忘了带便当，才会挨饿呀！"类似这样的话在那个场景是非常不妥当的。

孩子过了该睡觉的时间还不睡就不再理他
——每晚孩子晚睡的对应策

让全家人拥有健康的生活习惯是父母的职责。有很多家庭都规定了"孩子睡觉时间"。但是，即便如此还是有不少孩子磨磨蹭蹭到了很晚也不睡觉，这是"孩子的问题"。

在还没到约定好的睡觉时间之前，我们可以给孩子读绘本，跟他说说话。可是，过了约定时间，就是父母自己的时间了。请妈妈们珍惜属于你自己的时间。不要严厉斥责孩子，只要平静地对孩子说："现在是我们大人自己的时间，妈妈要和爸爸说说话。"然后就不用去理会孩子，你们夫妇俩度过这段属于自己的时间即可。

结果孩子还是直到很晚才睡，哪怕睡眠时间不足，第二天早上还是得很早起床。没有睡醒、迷迷糊糊地上学，到了中午，在学校犯困难受，有了这样的体验，他才会从中学会并体会到只有早睡，保证足够的睡眠时间才能让自己元气满满地过好每一天。

接纳孩子当下的情绪
——"原来孩子自己想去的补习班,现在又不愿再去"的对应策

我们常会碰到这样的情况:最初孩子自己嚷着要去,去了以后又对你说"不想再去那个柔道班了";为他报了一个口碑不错的补习班,然后他对你说:"我不想去那个补习班了。"妈妈们听到孩子这么说的话,大多会崩溃吧。

如果这个时候马上对孩子说"不去也可以啊!""孩子会不会变成一个一遇到困难就马上放弃的孩子?""好不容易有了点进步,现在就放弃多可惜啊!"妈妈们,这样的念头会不会马上就从脑子里冒出来呢?

不愿意去上兴趣班的孩子,他们的心里大多有这样那样的问题。这个时候,妈妈们大多会对孩子说:"说什么呢!你说想去我们才报的兴趣班,快点去吧!""好了好了,快点去吧!说去就去,一定会很有意思的。"请妈妈们尽量避

免焦虑地在孩子后面催着赶着,这非常不可取。而且,妈妈要是问孩子:"怎么了?发生了什么事吗?"一旦孩子的回答不可置否,妈妈们多半会急着告诉孩子这么做或那么做。实际上妈妈们试图自己找出答案,这也不是很妥当。因为,这样做是把孩子的烦恼转嫁到了妈妈身上,并剥夺了孩子自己解决困难的机会。这时候妈妈可以使用前一章节提到的回溯,只要对孩子说"是吗?不想去兴趣班了"即可。接纳孩子当下"不愿意去上兴趣班"的情绪,可以用类似"妈妈尊重你的感受!"或是"这是你自己的问题,试试看能不能面对自己的情绪和感受"。用类似这样的语言去和孩子沟通。

让我们来一次换位思考,比如一大早,你想到今天有一堆的会议安排,心情就变得沉重,说道:"一想到今天是会议日,我都不想去公司上班了!"而这时你的先生却对你说:"现在这个公司不是你当初非常想进,然后欢天喜地跳了槽过来的吗?快点打起精神,做好准备,上班去吧!"这时你会是怎样的心情?要是先生再说:"为什么会心情不好呢?是什么会议让你的心情变得如此沉重?"听了你的回答,先生又会说道:"这样的情况在哪个公司都会碰到,要是这样就要抱怨,那说明你还不太成熟啊!"听了这些,估计你心里肯定会想:"我刚才什么也不说就好了。"如果你的先生再加上一句:"好吧好吧,今天我会买个蛋糕回来,让你心情好一些。"听到这里你是不是会觉得你先生并没有真正地理解你。但是,如果先生对你说:"是啊,这些会议真的让人郁闷得连上班都不想去了。"或许他对你说:"确实如此,这样的事情确实是难以避免。"听了这些话你是不是多少可以释怀一些,同时也让你产生一种要自己去面对解决的想法。

就像这样,先划分清楚是谁的问题,再加以思考,尊重对方,从而找寻自己的问题自己解决的良机。通过这样的积累,培养孩子"我有能力解决自己人生中的问题"的意识,这也是培养孩子独立意识的萌芽。

没关系,你一定可以的
——"孩子告诉你他在学校被欺负"的对应策

受其他孩子欺负的问题,可能是最让妈妈们感到不安的问题。当孩子回到家,一脸伤心地说"小F他们对我做了很过分的事"的时候,妈妈们的心情肯定不会平静,马上想知道到底发生了什么,一旦听到稍微有些严重的状况,立马就在脑子里帮孩子想好了解决对策。这都是人之常情。但是,不要忘了这个问题是孩子的问题。

我们需要充分倾听孩子的情绪并完全接纳。但是,孩子遇到被欺负的情况,没有必要事事都让父母出面解决。如果可以的话,最好是让孩子自己去解决。遗憾的是我们每个人在社会生活中,总会牵涉到人际关系的问题。孩子还要走很长的路,会经历很多的事,因此在孩子年少时期,适当经历一些挫折,有助于培养孩子自己解决问题的能力。

说不定对方小伙伴只是一个恶作剧,或是开个玩笑,也有可能对方以前也被同样对待过并受到了伤害。所以，不用父母马上就出面解决，说不定会有更好的结果。因为是发生在自己孩子身上的事，所以父母不知不觉中就会情感代入，很容易产生"为人父母，我们必须为孩子做些什么"的想法，有时甚至会采取一些过激的行动，这样有时反而会破坏孩子和父母之间的信赖关系。"妈妈，你为什么要对小F的妈妈说'别再欺负我家孩子了'，让我们以后怎么在一起玩儿啊？"类似这样的情况是不是很容易发生？一旦有过这样的情况发生，以后真的有了什么事，孩子反而什么都不会告诉你了。妈妈如果完全接纳孩子的情绪，孩子就会跟你无话不说。不止如此，他们还会从中获得直面自己问题的勇气。

当然，有时孩子也会遇到对身心伤害严重的暴力，甚至生命遭受到威胁。所以父母们需要冷静观察，如果孩子确实陷入到了一个无法靠自身力量可以摆脱的困境，父母就有必要介入，并予以应对，我们最优先考虑的一定是保护孩子的生命安全。

正因为如此，我们才要在平时与孩子建立良好的信赖关系，当孩子感觉到实在无法靠自己的力量解决难题，并需要父母的支持的时候，他能率直坦白地和父母沟通，寻求帮助。保持这种亲子状态至关重要。

另外，有些年幼的孩子，他们无法清楚地表达自己的意思，当他们被谁欺负，或是处于让人无法理解的状况之时，总不免会让家长对他们产生怜悯之心，而不忍心对他们置之不理。通常，在成人的世界里理性地生活着的人们，一旦处于母亲的立场，都会以孩子为中心，有时甚至会用偏离现实的眼光来看待这个世界。自己并没有察觉自己用非理性的感情对待周围的人，这样的人并不在少数。但是，这样日积月累，他们就会做出类似"怪兽父母"的举动，而且本人还完全不知道自己已经成了"怪兽父母"，他们只是认为自己在保护着自己可怜的孩子。

事实上，这种怜悯情绪本身就是一个看不见的"陷阱"。我们在第二章已经说过，怜悯、觉得孩子可怜这种情绪会阻碍孩子的独立成长，同样孩子常觉得自己可怜也是有问题的。在这个世界上，不合逻辑、无理可讲的事情时会发生。如果总是认为"为什么我这么可怜"，会让他们背负不必要的压力。一旦没有根据地抱有自己是被害者这种意识，孩子就会与"他人皆可成为我伙伴"这种意识渐行渐远。

谁都有或多或少被伤害过的经历。妈妈们自己在稍微受到一些伤害的时候都可以忍耐，为什么看到自己的孩子稍微受伤，就难以忍受了呢？让我们好好地接纳现实。受伤的孩子需要我们的体谅和温柔的守护，静观他们用所具备的自我愈合能力治愈自己。如果妈妈一直抱有"没关系，你一定可以的"这样积极的态度和情绪，孩子的内心也会滋养出"我可以靠自己的力量解决我生命中的问题"的意识。

得到孩子协助的有效言辞
——"孩子把东西随手放在餐桌上,让我无法做餐前准备"的对应策

到目前为止,我们说了不少"孩子的问题"。那么,我们来看一下那些"妈妈的问题",我们又该怎么办?因为妈妈们的这些问题始终在困扰着她们,所以必须得解决。而为了解决这些问题,他人的协助也不可或缺。

当孩子们把东西往餐桌上一放转身就走,妨碍妈妈做餐前准备的时候,妈妈们常会对孩子说:"这些东西要放到什么时候,快点把它们收走。"这种说法是把问题当作是"孩子的问题"的一种说法。因为,在妈妈们看来是孩子把东西在餐桌上到处乱放,所以得让孩子来收拾。

但是我们来换位思考一下,比如你的先生正准备把高尔夫用具从壁橱里拿出来,而此时,如果先生对你说:"快点把你放在壁橱外的东西挪开!"你会怎么想?你肯定会认为:"虽然东西放在壁橱外面有点碍事,但你也是只顾着自己方

便而已。"被责怪的感觉会让你感到不舒服。如果先生对你说："因为你的东西放在这里，我的高尔夫用具拿不出来了，有点麻烦呢。"对于"把东西放在壁橱外面"这件事是好是坏不做评判，没有责备的情绪，只是表达了他觉得有些麻烦的感受。这时，你马上会去做些什么并给到先生帮助，对吗？

这种说话方式就叫作 I Message（我的信息）。"我有些为难"，主语是"我"。"你的东西放在这里，我的高尔夫用具拿不出来，有点麻烦呢。"这里是指"我有些麻烦"相对应的："这些东西要在桌上放到什么时候，你快点把它们收拾干净。"这里的主语是"你"（孩子）。妈妈传达的信息是："你把这些东西放在这里不管，所以你得快点把东西收拾走。"同样，如果把主语换成"你"，就是"你的东西放在壁橱外面，你快点把它搬走！"对你而言是不是有一种"你做错了事，快点把它改过来！"被责备的感觉。用这样的说话方式是很难获得别人的协助来解决给自己带来不便的问题的。遇到类似的情况，不妨用 I Message 来表达："小A你把玩具放在这里，妈妈没法把饭菜端上桌了，妈妈有点麻烦呢。"

另外，在用 I Message 表达时需要把握一个原则：必须包含以下三要素。

A. 状况。

B. 对我的直接影响。

C. 自己的心情、情绪。

这三个要素也适用于前述的例子：

A. 小A把玩具随手放在饭桌上。

B. 我无法把饭菜端上饭桌。

C. 烦恼。

但是，在现实生活中也有不适合用 I Message 的场合。比如，这样的对话：

"（A）你的数学分数考得这么低。（B）能不能赶上你的同学。（C）我很担心。"用这种说法表达了妈妈担忧的情绪。不过我们应该看到，数学分数考得低，感到烦恼或是麻烦的应该是孩子本人，而妈妈把这个本应属于孩子的问题转移到了自己身上。还有，下面的对话方式也不太合适："（A）你穿这么单薄的衣服出去。（B）会感冒的。（C）妈妈好担心啊！"这里，感冒的不是妈妈，对妈妈没有直接的影响。这个时候妈妈即使用了 I Message，也不能得到孩子的响应（比如换一件暖和的衣服外出）。所以，在使用 I Message 之前，我们务必要将以下两个要点牢记心中，从而判断 I Message 是否适用于当下的场合。

这个真的是自己的问题吗？——如果是孩子的问题就不要使用。

对自己有直接的影响吗？——如果对自己没有产生直接的影响就不要使用。

因此，不是所有的场合都适合使用 I Message。而一旦我们可以正确地运用 I Message 向孩子传达你的期望，孩子的行为会发生惊人的变化，甚至还能协助你，帮你解决你的问题。虽然他们还是孩子，但是使用恰当的、尊重他们的言语与他们对话至关重要。

清晰地向孩子传达信息
——"孩子说想穿旧T恤参加亲戚的婚宴"的对应策

孩子想穿旧T恤去参加亲戚的婚礼。很多人会认为：穿着旧T恤去参加亲戚的婚礼，感到难为情的应该是孩子，所以这是个孩子的问题，而不是我（妈妈）的问题。但是，实际上孩子们可能并不会因为穿着这样的服装出席婚礼而感到难为情，对他们而言一点问题也没有。特别是男孩子，他们反而会觉得妈妈为他们准备的衣服让他们感到拘束、死板。

但是，婚礼是一个重要的仪式。妈妈为了表达真诚的祝福，当然不希望孩子穿着让人失望的服装前往，因为那会显得很没有礼貌。所以在这里，就应该把它看作是妈妈的问题来加以处理。

这个时候，妈妈需要做的是：清晰地向孩子传达必要的信息。因为不少的孩子他们只是还搞不明白"为什么在这种场合必须要穿着得体""为什么在这种场合要穿得正式，而不是穿一件平时穿的 T 恤。"用恰当的、孩子容易理解的言语向他们说明什么衣服是适合在婚宴这种场合穿的,这样的话语更能够让孩子们清楚衣服的选择,并达到你的期望和要求。

给妈妈们的实操方法
——运用阿德勒心理学和 NLP 的各种技巧

现在让我们来整理归纳一下：

当孩子（对方）存在问题时
目的：帮助支持孩子解决自己的问题。
要点：
1. 用回溯（back tracking）的方法，接纳真实的孩子。
2. 温柔地守护，让孩子有机会从亲身经历中习得。
3. 不要抱有怜悯的情绪，允许孩子受到一些可以承受的伤害。

当妈妈（自己）存在问题时
目的：让孩子协助解决你的问题。
要点：
1. 使用 I Message（我的信息）。
2. 传达必要的信息让对方知道你的问题。

只有先分清这是"孩子的问题"还是"妈妈的问题",才能知道用哪种说话方式去和孩子沟通更为有效。当问题出现的时候,先要搞清楚那是"谁的问题",然后对照阿德勒的心理学理念加以考量。本书还加入了NLP的各种技巧,请对照参考。可能大家会觉得说起来简单,实际操作好像没那么容易。不过如果我们抓住了要领,操作起来也并不难。这里,我们用3个实例来解释说明一下具体的实操方法。

事例1　孩子因被同学欺负而烦恼

妈妈看到孩子(男孩)回家时神情低落。

妈妈:你看着不太有精神呢![孩子属于K(体感型)类型,有些不善言辞]——把孩子的情绪言语化(《给予孩子面对现实的勇气》)。

男孩:嗯,在学校大家都欺负我。

妈妈:你觉得被大家欺负了?——回溯《接受真实的孩子》(在这里,这个问题是孩子的问题,所以不要转嫁到妈妈的身上,要以回溯为主,推进对话。)

男孩:嗯。

妈妈:是大家都欺负你吗?——元模型《明确事实、引出可能性》。

男孩：小C和小D。

妈妈：你觉得被小C和小D欺负了，一定很难过吧！——将K型孩子的情绪言语化《接受真实的孩子，给予他们面对现实的勇气》。

男孩：可能是因为之前我对他们恶作剧吧。

妈妈：恶作剧？——回溯《接受原本的孩子》。

男孩：我给小C和小D起了不太好听的外号。

妈妈：不太好听的外号？——回溯《接受原本的孩子》。

男孩：他们可能很生气呢。

妈妈：他们很生气吗？——节奏和引领、镜像和回溯《建立信赖关系的同时接受原本的孩子》。

男孩：我是不是跟他们道歉一下会比较好呢？

妈妈：你是觉得跟他们道歉一下会比较好吧？——回溯《接受孩子的全部》。

男孩：嗯。

妈妈：那就去试试吧！你还是挺有勇气的嘛！

男孩：不过还是有些不好意思，我能做到吗？

妈妈：是会有点不好意思呢！——回溯《接受原本的孩子》。不过你一定能找到一个向他们道歉的好时机。——米尔顿模型《赋予孩子勇气，让孩子自己找到好时机》。

事例2　孩子不太愿意去足球学校

到了该去足球学校的时间，孩子说不想去踢球。

这也是孩子的问题。所以，请妈妈不要把这个问题转嫁到自己身上，要以回溯为主和孩子对话沟通。

妈妈：不太愿意去踢球了？——回溯《接受原本的孩子》。

男孩：教练太可怕了！

妈妈：很可怕？怎么可怕？——回溯、元模型的省略《接纳孩子的情绪，补充被省略的部分，找出可能性》。

男孩：教练只让我一个人做很多的带球训练。

妈妈：让你做很多带球练习，所以你感到很可怕？——回溯、元模型的歪曲《接纳孩子的情绪，指出被歪曲的事实，找出可能性》。

男孩：嗯，也不是那么的可怕。

妈妈：也没有那么可怕，对吧？——回溯《接受原本的孩子》。

男孩：可能教练觉得我不行吧！

妈妈：不行？——元模型省略《补充省略的部分，找出可能性》。

男孩：那么为什么只让我一个人练习带球？

妈妈：啊，你觉得让你一个人做带球练习是因为教练觉得你不行吗？——把孩子的思考语言化，指出被曲解的部分《赋予孩子面对现实的勇气》。

男孩：嗯，不是吗？

妈妈：怎么说呢！——不直接说出自己的意见《给孩子思考的时间，对你所能想到的抱有期待》。

男孩：练习了之后，带球确实是比以前厉害了。

妈妈：是吧，你是不是找到了什么带球的窍门！——比结果更关注的是过程《制造机会接纳自我》。

男孩：这样想想好像又没那么讨厌踢球了。

妈妈：嗯，要是今天你在上足球课的时候，可以确认自己带球到底有没有长进，那还真不错呢！——米尔顿模型《在赋予孩子们勇气的同时让他们留有良好的印象》。

事例 3　孩子把自己的东西扔得到处都是

在客厅里孩子把自己的物品扔得到处都是。因为这时感到困扰的是妈妈，这是一个"妈妈的问题"，所以需要孩子的协助，请孩子帮你一起来解决吧！

妈妈：这里是大家使用的空间，你的东西扔得到处都是，既容易被别人不小心踩坏，又无法让大家轻松愉快的休息，妈妈很困扰啊！——I Message。

妈妈们，感觉怎么样？是不是觉得有点难？但是，最初阶段并不需要把所有的技巧都用上。当有问题发生的时候，先要分清这是谁的问题。如果是孩子的问题，那么先考虑运用回溯的方法。在使用回溯的时候，妈妈会比较没有压力，相对轻松。接纳了原本的孩子，随后"合拍"或是"镜像"这些方法也会自然而然一起运用进来。在与孩子沟通对话的过程中，妈妈们也会渐渐发现孩子们"省略""一般化""曲解"这些问题。最初，可能磕磕绊绊，不过经过数周的努力，掌握了一定的技巧之后，就会在与孩子沟通的时候，下意识地不知不觉地使用这些技巧。

妈妈和孩子之间一旦可以和谐顺畅地沟通，哪怕今后孩子长大成人，他们和妈妈的对话都会是积极和有建设性的，并且可以让彼此获益良多，而且充满愉悦。作为妈妈，从孩子那里获得各种新鲜的话题，生活也会变得有趣而刺激，超越时代，相互都能感受到沟通对话的乐趣，知道相互沟通是一件可以和自己最亲近的家人一起做的快乐而幸福的事。学会了这本书中所介绍的NLP语言沟通技巧，不但提高了妈妈的沟通能力，提高了孩子的沟通能力，也培养了父母与孩子之间一生可以相互沟通对话的良好亲子关系。我觉得这是妈妈给予孩子的一份绝佳的礼物。

本 章 小 结

◆如果一个孩子反复出现迟到、忘记做作业这样的问题行为，多半是他们没有觉得这是个困扰自己的问题。所以重要的是从开始就分清楚"孩子的问题"和"妈妈的问题"，然后选择不同的言语。

◆妈妈们要是常常忘了守时、守约，孩子们就会以为守时守约并不是一件那么要紧的事，所以妈妈们非常有必要从自己做起，让孩子看到守时守约是多么重要。

◆把十分厌恶学习的孩子束缚在书桌前，勉强地让他学习，对这些孩子而言除了感觉有压力之外，他们什么也没有获得。

◆只要孩子拥有一颗好奇之心，并能体验到探究事物的乐趣所在，什么时候他们一旦懂得了学习的必要性，开始认真学习的时候，他们就能产生一种想要学习的积极欲望。

◆我们要在平时与孩子建立良好的信赖关系，当孩子感觉到实在无法靠自己的力量解决难题，并需要父母的支持的时候，他能率直坦白地和父母沟通，寻求帮助。

◆一旦妈妈们可以正确地运用I Message向孩子传达你的期望，孩子的行为会发生惊人的变化，甚至还能协助你，帮你解决你的问题。

第六章
愿孩子有一个光辉灿烂的未来
——阿德勒心理学+NLP

利用NLP的沟通技巧将阿德勒心理学理论运用到实践中，大家可以理解吧！那么在这一章让我们最后理清认识一下："男孩子把握他自己的人生所必要的思想方法"。

十岁前孩子和妈妈的沟通方式造就了孩子的一生。

拥有积极的人生态度对孩子很重要

> 关于育儿方面,希望孩子达到心理层面的目标,就是"我是一个有能力解决我自己的人生课题的人""他人皆为我友"。

没有一个母亲不希望自己的孩子可以走一条平稳的人生路。但是,人生就是充满了烦恼、辛劳和艰难,一波未平一波又起,麻烦接二连三。而且,这些麻烦又多半与人际关系有关。

阿德勒博士认为人际关系包含了人一生无法逃避的三个课题,即"工作课题""交友课题""爱的课题"。他指出:"当人们感觉无法解决这些课题的时候,常常会采取逃避的方法。"为了能从眼前无法解决的问题中逃离出来,有的人会给自己寻找一套说服自己的理由,有的人甚至会(无意识地)出现身体状况。但是逃避并不能让自己满意,最终的结果却是让自己不得不接受"我没有用"的挫败感。

当一个男孩子遇到这些课题的时候,他是"我没办法解决这个问题"般地逃避,还是"我可以解决这个问题"般地直面，这取决于这个男孩拥有怎样的人生思考方式，即人生观。

我们在第一章里说过，人生观就是每个人"能否意识到自己是一个有能力的人""能否认识到社会对自己的友善"这样的心理基石。阿德勒心理学也数次提到：关于育儿方面，希望孩子达到心理层面的目标，就是"我是一个有能力解决我自己的人生课题的人""他人皆为我友"。拥有这样积极的人生态度对孩子至关重要。相反，一旦抱有"我是一个既没有能力，又没有价值的人""他人、社会皆不可信"这样负面的人生态度，面对人生的三大课题就会丧失勇气。而且，一个人的人生态度基本上在十岁前后就得以确立了。

根据发展心理学的理论，一个能够做到自立、自律的人，他在生活中也能获得满足感。当他步入人生的晚年阶段，他会认为"我如此度过了一生，此生无憾。""虽然有艰辛困苦，但是如果可以重来我还是会选择以这样的方式度过我的一生。"

总之，孩子在十岁前后就决定了他是否能度过让自己了无遗憾的一生。因此，请大家务必认识到这个阶段对孩子的一生是多么重要。

自己可以交到新朋友

> 如果从幼年期就能拥有正面积极的思维方式,那么毫无疑问从他的人生初期开始,他的人生之路就能一直这样积极地坚持走下去。

和那些沟通能力相对较低的人相比,有较强沟通能力的人,他们的人际关系处理得也会比较顺畅。阿德勒博士指出,一个人有怎样的沟通能力取决于他拥有怎样的人生态度。不同的人生态度,会表现出沟通能力的差别。总之,一个人的人生态度和沟通能力密不可分。而且,沟通能力的高低,很大程度上直接影响到人际关系的处理。我们可以从下面这个例子看出人生态度的差异对沟通能力的影响。

小学新学期开学,孩子换了一个新的班级。第一次来到新的教室,有着积极思维方式的男孩子,他会试着调整自己的情绪:"在新的班级里我会不会遇到一个以前的朋友啊!真的很期待呢!"而有着消极思维方式的男孩子,他想的却是:"要是班里有跟我合不来的同学,那多没意思啊!要是大家都不接受我的话,那多不开心啊!"然后,走进教室,积极正面的孩子会开开心心地接近新同学，热情地和同学说话，让对方放下戒备心，其结果当然就是和新同学进行了效果良好的沟通。而有着消极思维的男孩子，他不会主动和其他同学搭话，如果有谁主动向他靠近，他也会担心别人会讨厌自己，不知不觉之中说话的神情也会显得比较严肃。当然，与之交往的孩子肯定会觉得"这算怎么回事啊！"其结果就是其他同学渐渐从这个男孩子身边走开。

　　人们总是认为自己的思维方式就是正确的。因为大家都认为这是理所当然的，完全没有必要去怀疑。所以，这样的思维方式在实际生活中所有事情上都得到了印证。

　　有着积极正面思维方式的男孩子，当他和同学打招呼的时候，哪怕没有马上得到对方的回应，他也会想："可能他没有听到我的招呼吧！"而有着消极负面思维方式的男孩子，他很容易产生这样的想法："我是不是被别人忽视了？""别人不喜欢我！"一旦当他无法忍受这种想法的折磨，他就会产生"我也不用把他们放在眼里"的情绪和想法。

　　在你周围，有的人为人率真，你不用担心因跟他说了些什么而让他不愉快；而有的人你跟他说话时，如果不字句斟酌，稍有不慎，他就很容易受伤。乍一看，我们说话小心翼翼是为了对方着想。但是，实际上对方会把此解读为"大家是不是都想跟我保持距离呢？"常跟这样的人相处，其实谁都会感到很累。

不论是在职场，还是在个人生活中，都会有被人误解、被人迁怒的情形发生。遇此情形容易发怒的人，常会被说成自尊心过强。而真正骄傲的人并不会因一些琐碎小事而情绪波动，对自己充满自豪才是真正的骄傲。自己主动去做一件对自己有利的事也好，因别人不经意间的一句话的驱使去做一件事也罢，我们都应以自己为荣，堂堂正正地去做。

通常，看似"骄傲"的一些行为，有人感受到的却是相反的意味。由于有着负面消极的思维方式，对自己的能力没有自信，一旦被别人说了什么，他们立刻会感到自己受到了攻击。由于在内心深处，他们认为"我是一个没有能力的人；我是一个没有价值的人"，因而容易表现卑屈，无法信任他人和社会，对他人和社会常抱以自我防卫的姿态，难以同周围人构建良好的人际关系。

一个人有怎样的人生态度，与他的人际关系如何有着紧密的关联。而且，人们通常贯穿一生都会对十岁前后就构筑完成的人生观深信不疑。当然，也有例外。有些人长大成人之后，对自己的人生观产生疑问，而且有改变的强烈意愿，并付诸于实际行动。这样，他的人生观也是会改变的。

心理咨询师也可以让来访者改变他的人生观。如果来访者的生活思维方式是负面消极的，心理咨询师就帮助他们再构筑正面积极的思维方式。这样，即使本人的能力和周围的环境没有发生什么变化，他的人生也会变得更丰富多彩，充满愉悦。因为能勇敢地面对，他的才能会得到充分的发挥。但是，如果从幼年期就能拥有正面积极的思维方式，那么毫无疑问从他的人生初期开始，他的人生之路就能一直这样积极地坚持走下去。

到这里为止，我们介绍的阿德勒心理学、NLP的语言沟通技巧都可以促进孩子尊重自我和他人，从而构建正面的生活思维方式，进而成为良性、建设性沟通的范本。可以毫不夸张地说，十岁前孩子和妈妈的沟通方式造就了孩子的一生。

积累"上学"的经验

> 孩子还小的时候我们还是要尽量让他们去学校上学,多积累去学校上学的经验。如果孩子"不想去上学"怎么办?我们最好的做法是给他支持,让他自己面对这个问题。

现在,日本正处于接受义务教育阶段的孩子中,不上学的孩子大约有12万人,占全体人数的1.178%。当今日本社会有一种"不用勉强去上学也可以"的风潮。确实,勉强孩子去学校上学,引起孩子心理状态恶化的情况也时有发生。

但是,不去学校上学不仅在当时,而且在孩子今后的人生各个阶段、各种方面都将产生影响。有不少来访者,他们都有在学生时代不去学校上学的经历。直到现在他们仍因此经历而处在痛苦之中前来做心理咨询。从我们咨询师的角度来看,他们大多"接纳自我能力较弱",并且都陷入了"自己是一个连学校也去不了的,没有用的人"的痛苦之中,从而对学习也失去了自信。

实际上,有不少孩子每天即使去学校上学,他们也不怎么学习。小学的学习内容没有那么难,即使不上学,之后总有机会可以追上其他同学。但是他们本人却一直陷于"我已经赶不上其他同学，再怎么学习也没有用"的想法之中无法自拔。其结果就是他们会消极对待工作、恋爱等所有其他的事情，人生的大多数时间都是在抑郁中度过。

现在，我的心理咨询室的来访者中，正处于不上学状态的孩子，或是从不上学开始把自己封闭起来的人，从十多岁到四十多岁，年龄跨度较大。他们有些人可以自己到咨询室来做心理咨询，有些人甚至需要我上门探访。当然，我会尽我所能给予他们足够的支持，以帮助他们恢复正常的生活。但是，不上学的时间越久，恢复正常生活所需要的时间也就越长。

当然，例外的情况也是有的。如果孩子遭到了家长都不得不介入的霸凌，作为家长不管怎样都应该首先考虑孩子的生命安全，让孩子休学、转学，总之用所有的方法保护孩子。但是，如果孩子遇到的情形没有这么严重，而且孩子自身有足够的能力度过危机，根据我长年心理咨询师的经验，"能去学校上学"是非常重要的。

实际上，我在学生时期在学校曾经也被欺负过，当时也曾讨厌上学。寒暑假这种长假期结束，新学期开学第一周，我一定会发烧卧床，心里相当紧张。我的儿子，有一段时期对上学这件事也非常苦恼。"对大多数孩子来说上学都不是一件困难的事，我却不行，是不是很奇怪？"所以，对上学这件事感到痛苦的孩子，他们的这种心情我是能感同身受的。可是尽管如此，孩子还小的时候我们还是要尽量让他们去学校上学，多积累去学校上学的经验。

如果有一天，孩子突然跟你说"我不想去学校上学了！"我们怎么办？这本书读到这里，大家可能都会有各种对策了。首先我们应该考虑的是"不去上学"这个问题是谁的问题。对，这是孩子的问题。所以，我们最好的做法是给他支持，让他自己面对这个问题，找出答案。在这里，我们可以先运用回溯的技巧，对他说："你的心情我可以理解"，然后告诉他"这个问题是你的问题"，用温和的语气对他说："是啊，不想去上学呢！"如果这样与孩子沟通，很多妈妈会担心，如果孩子当时顺着接口就说"嗯，我不想去学校上学了"怎么办？我会告诉妈妈们：先试着用心，充满感情地对孩子说。然后，几乎让所有的妈妈都感到奇怪的是：这样表达了以后，原本那么讨厌去学校上学的孩子会说："是啊，不想去上学呀，可是没办法，还是去吧！"然后还是依旧向着学校走去。

还有一类孩子，他们的反应可能是这样的：几个小时过后，孩子可以对妈妈坦率地说出自己不去学校上学的内心所想,第二天像什么事也没发生过一样继续上学。不管是哪一类的孩子,在这里,重要的是妈妈要让孩子发自内心地相信:"我有能力用自己的力量解决我人生中的问题。他人皆为我的伙伴。"

当孩子遇到这样那样问题的时候,我们不要胡乱地给孩子提供帮助,"你要这么做,你要那么做"指手画脚地给出指导。因为,这么做会给孩子一种"你没有能力解决自己的问题"的暗示。另外,对孩子在学校的朋友和老师,家长如果总是持怀疑态度,也是在变相地给孩子传递一种"别人都是你的敌人"的信息。

有时候,孩子在学校被同学说了一些让他不舒服的话;有时候,老师对他做了一些不近人情的举动。可是,在这世上这样的情况随时都在发生。孩子在努力面对、解决这些问题的过程中,自信心得到培养的同时,也获得了与他人合作的智慧。孩子们在学校这个有着成人保护的环境中,有时受伤,有时也在不知不觉中伤了别人,累积着各种不同的经验,这都是在为他们将来踏入社会能够与他人构建良好的人际关系"做功课"、打基础。

让孩子拥抱这个精彩的世界

> 从长远来看，孩子学习也好，去学校上学也好，这些课题都需要由孩子通过自己的努力、勇敢地面对来解决，而我们家长要做的就是在他的身边给予陪伴、守护。

我们在第五章已经阐述了，不要让孩子被那些无法激发起他兴趣的东西所束缚，给他压力、在他身边喋喋不休，而什么信息也没有被他接收，这样的做法不可取。在学校，孩子不只是习得知识，培养他们探究未知的乐趣和对新生事物的好奇心才是重中之重。

虽然我们没有必要去拼命追赶流行潮流，但是对"四季变换的自然之美""街头的表演活动""电视节目介绍的观光热门地"这些都抱着与己无关的态度，渐渐就会让你与真实的社会生活割裂开来，失去参与社会活动的意识。一旦认为自己与这世间没有关联，那么就会丧失与社会发生联系的主动性。让孩子拥有"这个精彩纷呈的世界""我正在与这个社会相连着"的真实感受，从而培养孩子希望推动这个社会发展的自主性，为他们将来踏入社会，开启人生之旅做好准备。

去学校上学、学习,这些都属于"孩子的问题"。我们不要因为眼前孩子的一个行为、一个结果而一喜一忧,从孩子的一生这个长远视角来看,学习也好,去学校上学也好,这些课题都需要由孩子通过自己的努力、勇敢的面对来解决。而我们家长要做的就是在他们的身边给予陪伴、守护。

我们在支持孩子自己解决学习、上学这些课题的同时,也要结合这个孩子具体的"代表系统"。比如,在必须按时完成作业这件事上,K型(体感觉强)的男孩子,他们的情绪很容易受自己敏感的身体知觉左右。一旦感觉到做作业是一件让他们头疼的事情,他们确实需要花上不少的时间从这个情绪中脱离出来。

V型(视感觉强)的男孩子,即便他们觉得做作业是一件很麻烦的事情,但是一想到第二天老师严肃的表情,他们也会立刻想要赶紧把作业做完。

还有A型(听感觉强)的男孩子,他们做事都会"讲个道理"。经过思量他们最终会得出"与不交作业相比,被老师批评更麻烦"的结论,然后老大不情愿地去做作业。这里我们需要注意的是:我们举这个例子并不是要证明V型和A型的孩子比K型的孩子更优秀。而且,就单纯从这个例子来说，V型的孩子一点作业也不做，而K型的孩子仍然默默地完成作业的也大有人在。但是，如果妈妈们了解了自己的孩子属于哪种类型，那么当孩子陷入某种困扰的时候，就能够更容易理解他们并给予他们恰当的支持。这是一个不争的事实。

确实如阿德勒博士所说："为了解决人生课题，努力和忍耐是必要的。"只是我认为当今的我们，掌握了NLP的沟通技巧，使得与孩子沟通更容易，从而能够减轻努力和忍耐的程度。针对每个孩子不同的特质，给予他们不同的支持，这样妈妈和孩子才能够建立起相互信赖的良好亲子关系。

最重要的是赋予妈妈们勇气

> 请你相信拥有"勇气"是最重要的。在我们相信本真的孩子的同时,也请相信本真的自己。在寻找赋予孩子勇气的话语的同时,也请试着找一下赋予自己勇气的话语。

在实际运用这本书所介绍的方法的过程中,现在要告诉大家,最后也是最重要的是:妈妈们,你们有着怎样的人生观?你自己是一个独立而自立的人吗?你能与社会和谐共生吗?你拥有解决自身人生问题的能力吗?你认可他人皆为我友吗?

实际上,在我养育孩子的初期,我也不这么认为。就像前面我说过的那样,小时候我也曾是个受人欺负的孩子,直到人生的某一个时期以前,我都过得阴郁暗沉。但是,十五岁前后,我决心改变自我。我暗示自己:我肯定是一个可以被人爱的存在。所谓暗示其实并不夸张,"大家一定会喜欢我,接受我"我对此深信不疑。让我没想到的是,用了这个方法我变得积极阳光,并顺利地度过了青春期。

之后结婚生子,我同样有着强烈的愿望,希望把我的孩子培养成一个对自己充满自信的人。在接触学习心理学之前,我一直自认为凭着自己青春期的经验，把孩子培养成有自信心的人是完全可以做到的。为了培养孩子的自信心，我用一定的方法，尽量注意不去挫伤孩子的自尊。

但是，某一天我突然发现：孩子并没有被我培养成我想要的样子。和小伙伴们相处时麻烦不断。至少在我自己看来，他并没有让我看到他正勇敢地在他人生之路上起步，这真的让我感到很遗憾。

正因为这个原因，我开始了心理学的学习，接触到了阿德勒心理学。这时我才认识到：其实我自己从根本上就不是一个积极正面的人。在我的潜在意识里仍然残留着从小就有的消极负面的人生思维方式。自认为经过自我改造度过了阳光的青春期，其实只是消极的我穿了一件积极正面的卡通外套而已。虽然我想对儿子说"我要把你培养成一个有自信的男孩"，但是，从他的眼睛里，我看到的却是自己那双从卡通外套中向外张望着的充满不安的眼睛。

心理学把意味相左的行动和言语信息称作"双重信息"。言语上说着"你可以做到！"，但是表情却是"真的没关系吗？"那种不安的样子。这就向对方传达了两种截然不同的信息。由于这种双重信息，让对方产生了混乱。因此，我们更容易理解为什么孩子会有这么多的问题行为出现。在这之后，通过心理学的学习，我也时常会面对自己，并察觉仍然存留在自己潜在部分的消极负面的思维方式。

在这里，我最想告诉大家的是："阿德勒博士所倡导的育儿目标是行动和心理层面的目的达成，为了把孩子培养成一个具有积极正面人生观的人，比什么都重要的是母亲本身就需要拥有健全积极的生活思维方式。"

可能因为自身的生长环境，有些人会有痛苦的童年记忆。可能有些人因为从此无法拥有正面肯定的人生思维方式而饱受困扰。但是无论怎样，都请不要放弃。在育儿的过程中，我们自身的人生观也会发生转变。有一种说法：育儿也是父母成长的过程，要说通过育儿，成长最多的就是母亲。这种说法也是一点也不为过。

本书所述的阿德勒心理学的思考方法、NLP沟通技巧不只是针对孩子，对夫妻关系、朋友相处、职场人际关系的处理，都是有用的。其中最有用的是和自己的内心对话。

当你感到失落的时候，请先给自己打打气。当今社会，很多妈妈身处职场的同时，又要承担育儿的责任。很多妈妈都因为没有充分的时间和孩子相处，而多多少少抱有一些负疚感。说不定你就是其中一个。但是，我们试想一下，因工作而让孩子过得不幸福，这不是我们想要的。我们应该从自身的情况出发,考虑再三,再决定是不是选择这样的生活方式。

所以,首先请为这样的自己感到自豪。请认可一面在职场打拼一面育儿,努力生活的自己。我们一旦怀有愧疚感,哪怕在没有被人责怪的情况下,也会产生被挑剔的感觉。而把这种感受再投射到对孩子、家人、同事的态度上,让人感到焦虑与不安。如果能意识到自己"真了不起!",就能把心放宽,并对周围的人抱有感恩之心。当然这也不只局限于工作中的妈妈们。育儿的艰巨不只是这一个方面,全职妈妈们常常抱有"因为我是全职妈妈,所以家务、育儿必须得做到完美"这样的压力。因为我们身处的状况让我们不得不强烈地意识到邻居、亲戚等周围人的目光。

请面对我们自己的内心。在我们相信本真的孩子的同时,也请相信本真的自己。在寻找赋予孩子勇气的话语的同时,也请试着找一下赋予自己勇气的话语。

请再一次用鲜活的目光来注视这个世界,真实地体会一下"此时此地,没有纷乱,我和世界连动"的感受。不管是谁看见的,谁没看见的,请你相信拥有勇气是最重要的。然后,每一天,不要在意别人的目光,你会发现你的人生如此精彩,无与伦比。

其结果就是,孩子自立自觉,充满阳光而有活力地走在人生路上,你的家庭还有你自己的人生也会变得熠熠生辉。

本章小结

◆孩子在十岁前后就决定了他是否能度过让自己了无遗憾的一生,因此,请妈妈们务必要认识到这个阶段对孩子的一生是多么重要。

◆如果从幼年期就能拥有正面积极的思维方式,那么毫无疑问从他的人生初期开始,他的人生之路就能一直这样积极地坚持走下去。

◆孩子们在学校这个有着成人保护的环境中,有时受伤,有时也在不知不觉中伤了别人,累积着各种不同的经验,这都是在为他们将来踏入社会后,能够与他人构建良好的人际关系"做功课"、打基础。

◆如果妈妈们了解了自己的孩子属于哪种类型,那么当孩子陷入某种困扰的时候,就能够更容易理解他们并给予他们恰当的支持。

后记
请带着智慧，守护幸福家庭

　　随着科学技术的进步与发展，以前许多未知的领域逐步得到开发。尤其是近期，随着互联网的发展与普及，新信息一瞬间就可以被传播到全世界，并到达自己的手中。我们可以轻松地获取菜谱，制作以前从没做过的料理；准备外出旅行，稍作查询马上就能算出旅行预算，找到旅行路线，制定旅行计划。就像这样轻松获得信息，自己的烦心事、难题都能得到顺利的解决。

　　尽管如此，我们又如何消除育儿过程中的烦恼和困扰呢？非常遗憾，我们现在还不能说：这些困扰我们的问题都得到了解决，与一百年前的妈妈们相比我们的烦恼少多了。这是因为我们不能像获得做菜的菜谱、旅行的预算和旅行路线那样，轻而易举地找到答案。分析、探明心理这一难以探究的领域，怎么做我们才能身心健康地生活，怎么样生活我们可以感知幸福，能从理论上给出答案的应该就是心理学了。

自打我从事心理咨询师的工作开始，在我的心中就有一个大大的疑问：如此伟大的关于人类心理方面的知识和智慧，为什么没有在这个世界上得到普及和传播？它就是阿德勒博士终其一生研究并留给我们后世的伟大的心理学知识。

"怎样的人生是幸福的""怎样育儿才能培养孩子可以勇敢地走在自己的人生路上"，对于这些疑问，阿德勒心理学构筑了完全禁得起推敲的理论，并加以解释说明。上世纪70年代，通过对我们平时的难题，以及对那些天才精英们成功案例的分析研究，在美国开发的NLP公开了谁都可以操作的实用技巧。因此，我们没有理由不去了解如此绝佳的心理学知识和智慧。

心理学不是心理医生和心理咨询师的特权。请带走这种智慧，珍重、守护更明朗快活、幸福的家庭吧！如果这本书可以成为这样的契机，那没有什么事可以比这更让我感到幸福和高兴的了。

朝妻秀子

附录
类型诊断测试

首先我们要知道妈妈的所属类型。

以下的问题,选一个最接近的答案。

1. 说到圣诞节,你最先想到的是什么?

a. 圣诞树、街上的圣诞彩灯等有圣诞色彩的东西。

b. 圣诞歌曲、铃声,直接就是圣诞节日这个词。

c. 寒冷的感觉,圣诞火鸡、蛋糕的香味,自己心目中圣诞节独特的感觉。

2. 前一个休息日你做了什么?(这个问题是问你当你想起前一个休息日的时候,你想象了什么。)

a. 试着想象我休息日去的那个地方的景色。

b. 试着想象我休息日做了什么的理由。

c. 试着感觉那天过后留在身体上的感觉。

3. 说起罐装咖啡，你的脑子里首先浮现出的是什么？

a. 罐装咖啡的外观。

b. 罐装咖啡的广告词或相关知识。

c. 口感、香味。

4. 你记笔记的方法，最接近的是哪一个？

a. 常用很多色彩、箭头等记号。

b. 只用黑色，可以成章地记录。

c. 省去多余的词语，只是将关键词用醒目的方式记录下来。

5. 你选衣服的标准，最接近的是哪一项？

a. 重视外观，选择时尚的款式和自己喜欢的颜色。

b. 限量版、品质好，或是接受店员的推荐做出选择。

c. 选择触感舒服、穿着舒适、便于活动的衣服。

6. 旅行目的地的选择标准是什么？

a. 未曾去过、风景美丽、城市街景时髦。

b. 那里有著名的节日、有名的酿酒厂等，有明确的理由。

c. 选择可以在一地慢慢走走看看的地方。或者在家也很舒服，不去旅行也行。

7. 想要学一个从未体验过的体育项目。

a. 看影像资料，通过看如何实际运动来学习。

b. 通过看入门书、网页或是阅读实操手册等方法学习。

c. 通过实际的运动，用身体记忆。

接下来我们来看孩子是属于哪个类型。

妈妈们也对照一下孩子日常的情形，思考一下自己的孩子属于哪种类型。

1. 孩子说话的方式

a. 看到的都会说出来，比较喜欢说话。

b. 自己感兴趣的事情说得比较多。

c. 不太会主动地说，比较安静。

2. 情绪、心情

a. 喜怒哀乐都写在脸上，心情转换、情绪转化比较容易。

b. 基本上没有什么情绪的变化，心情转换要看时机。

c. 饥饿的时候、疲倦的时候，情绪很差。

3. 感兴趣的对象

a. 战队中的英雄等帅气的对象。

b. 喜欢语言、数字（扑克牌、寓言故事绘本等）。

c. 满是沾泥、积木、打闹等使用手和身体的游戏。

4. 喜欢一件衣服的理由

a. 喜欢衣服的颜色、式样。

b. 喜欢衣服上画着的英雄人物、印有自己喜欢的数字等孩子们在意的表现形式。

c. 触感舒服，穿着舒适，行动方便。

5. 孩子的外观表情

a. 因情绪、表情常会发生变化,一目了然。

b. 表情不太有变化,冷冷的感觉。

c. 不安的时候眉间紧蹙、高兴的时候带着羞涩,表情具有吸引力。

6. 记笔记的方法

a. 常用很多色彩、箭头等记号。

b. 只用黑色,可以成章地记录。

c. 省去无用的词语,只是将关键词用醒目的方式记录下来。

7. 别人跟他说话时的反应

a. 立刻给出应答,不会用太多的时间思考。

b. 用自己的道理给出应答。

c. 花一点时间给出应答,之后很少改变。